TECHNOLOGIES
et GÉOPOLITIQUE
à l'aube du XXIe siècle

Données de catalogage avant publication (Canada)

Roy, Jean-Louis, 1941-

Technologies et géopolitique à l'aube du XXIe siècle: l'impasse

Comprend des réf. bibliogr.

ISBN: 2-89428-634-1

1. Géopolitique. 2. Technologie et civilisation. 3. Technologie –
Aspect social. 4. Civilisation – 21e siècle. 5. Relations internationales.
6. Nouvel ordre économique international. I. Titre.

JC319.R69   2003   327.1'01   C2003-940570-2

Les Éditions Hurtubise HMH bénéficient du soutien financier des
institutions suivantes pour leurs activités d'édition:

– Conseil des Arts du Canada;
– Gouvernement du Canada par l'entremise du Programme d'aide au
  développement de l'industrie de l'édition (PADIÉ);
– Société de développement des entreprises culturelles du Québec
  (SODEC);
– Programme de crédit d'impôt pour l'édition de livres du
  gouvernement du Québec.

Maquette de la couverture: Geai bleu graphique

Composition et mise en pages: Andréa Joseph [PAGEXPRESS]

Éditions Hurtubise HMH ltée   DISTRIBUTION EN FRANCE:
1815, avenue De Lorimier   Librairie du Québec / DEQ
Montréal (Québec) H2K 3W6   30, rue Gay-Lussac
Tél.: (514) 523-1523   75005 Paris
Téléc.: (514) 523-9969   France
edition.litteraire@hurtubisehmh.com liquebec@noos.fr

ISBN 2-89428-634-1

Dépôt légal: 2e trimestre 2003
Bibliothèque nationale du Québec
Bibliothèque nationale du Canada

© Copyright 2003, Éditions Hurtubise HMH ltée

Imprimé au Canada
www.hurtubisehmh.com

Jean-Louis Roy

TECHNOLOGIES et GÉOPOLITIQUE à l'aube du XXIᵉ siècle

L'IMPASSE

DU MÊME AUTEUR

*Maîtres chez nous. Dix ans d'*Action française, *1917-1927,* Montréal, Leméac, 1968.

Les Programmes électoraux du Québec, Montréal, Leméac, 1970, 2 tomes.
Tome I: *1867-1927*
Tome II: *1931-1966*

Rameaux de vieil arbre, Sherbrooke, Éditions Cosmos, 1973.

Édouard-Raymond Fabre, libraire et patriote canadien, 1799-1854: contre l'isolation et la sujétion, Montréal, Hurtubise HMH, coll. «Cahiers du Québec – Histoire», 1974.

La Beauceronne, Marie à Georges à Joseph, Québec, Garneau, 1977.

Le Choix d'un pays, le débat constitutionnel Québec – Canada, 1960-1976, Montréal, Leméac, 1978.

Terre féconde, Montréal, Déom, coll. «Poésie canadienne», 1982.

L'Arche dans le regard, Québec, Garneau, 1985.

La Marche des Québécois, le temps des ruptures (1945-1960), Montréal, Leméac, 1986.

1992, l'Europe du XXIᵉ siècle, Montréal, Hurtubise HMH / Éditions Vander (Belgique) / Macmillan Publishing Co. (langue anglaise), 1988/1991.

La Francophonie: l'émergence d'une alliance, Montréal, Hurtubise HMH / Hatier (France), 1989.

La Francophonie: le projet communautaire, Montréal, Hurtubise HMH / Hatier (France) / Éditions Vander (Belgique & Suisse) / CEDA (Côte d'Ivoire) / Eddif (Maroc) / Médis (Niger) / Cérès (Tunisie), 1993.

Mondialisation, développement et culture: la médiane francophone, Montréal, Hurtubise HMH, 1995.

Des vies et des fleuves, Montréal, Hurtubise HMH, coll. «L'Arbre», 1995.

Le Pèlerin noir, Montréal, Hurtubise HMH, coll. «L'Arbre», 1997.

Une nouvelle Afrique à l'aube du XXIᵉ siècle, Montréal, Hurtubise HMH / Maisonneuve & Larose (France) / Le Figuier (Afrique subsaharienne), 1999.

Le Monde en 2020 – Pour une culture de la délibération, Montréal, Fides, 1999.

L'Enchaînement des millénaires – Journal de l'an 2000, Montréal, Hurtubise HMH, 2001.

REMERCIEMENTS

Cette recherche a bénéficié de l'appui des organismes suivants :

L'Agence canadienne de développement international (ACDI),
le Centre de recherches pour le développement international (CRDI),
l'École Polytechnique de Montréal,
le Collège Glendon de Toronto ;

d'un réseau de partenaires et de chercheurs :

Lamine Sall, écrivain, poète et chercheur, Dakar, Sénégal,
Rita Lamoukry, sociologue, chercheure indépendante, Bobo Dioulasso, Burkina Faso,
Marie-Louise Akondja, Paris, France.

Ben Marc Diendéré a dirigé une recherche complexe et exigeante. Sa compétence professionnelle et son intérêt personnel ont rendu possible la production de cet ouvrage. Hassina Amer El Khedoud a préparé ce manuscrit avec patience et compétence.

À tous ces partenaires, j'adresse mes plus chaleureux remerciements.

TABLE DES MATIÈRES

INTRODUCTION

L'ouverture de deux cycles globaux et complémentaires marque la fin du XXe siècle. Technologique et géopolitique, ces cycles s'alimentent aux continuités les plus durables: celles enrichissant le patrimoine scientifique de l'humanité et celles reconfigurant en permanence les rapports entre les régions et les nations du monde. Ces cycles libèrent des puissances colossales et font entrer l'humanité dans une ère inédite.

Inattendue mais décisive, l'implosion de l'Union soviétique inaugure le nouveau cycle géopolitique en créant les besoins d'une recomposition globale des relations internationales. Cette implosion dissout les fondamentaux découlant des rapports de puissance dominant la fin du second millénaire. Elle met fin à l'antagonisme entre deux visions idéologiques consacrées à Yalta par les vainqueurs de la Seconde Guerre mondiale. Cette structuration des rapports de puissance, cette division de l'Europe et du monde, cette logique de l'affrontement systémique sont désormais obsolètes.

Elle a fait voler en éclats une science de l'histoire, une conception des rapports entre les hommes et les sociétés et un guide de l'action individuelle et collective privilégiant l'égalité au profit d'une autre vision de la totalité de l'humanité, celle-là privilégiant la liberté. Un long cycle traversant la période moderne trouve apparemment son aboutissement dans ce dénouement. L'idée de la planification collective est dégradée, celle du libéralisme appliqué à l'économie exaltée comme principe de gouvernance des sociétés, de toutes les sociétés.

Les États-Unis, les premiers vainqueurs de la fameuse guerre idéologique de l'autre siècle, ont tiré le maximum de bénéfices de cette étrange conquête sans les terribles affrontements qui, normalement, détruisent les empires. Ils ont cherché à mettre en place un nouvel ordonnancement du monde. À cette fin, ils ont défini, lancé et déployé un cycle scientifique et technologique nouveau, libéré la puissance opérationnelle de la digitalisation, jusque-là réservée à certains domaines stratégiques et maîtrisée par un nombre restreint d'opérateurs.

Désormais déverrouillée, cette puissance met au service de la science une instrumentalité créatrice dont la capacité, en croissance continue, a éclipsé les outils technologiques des deux précédentes révolutions industrielles. Ce qui advient est de l'ordre d'un changement de nature et non pas d'un simple changement de niveau. Ce qui advient est de l'ordre d'une stratégie globale, financée et maîtrisée par la première puissance militaire, économique et politique de notre temps.

Cependant, la révolution digitale traduit bien davantage qu'un moment de puissance dans l'innovation et une conjoncture unique, technologique et géopolitique. Elle révèle et éclaire des espaces matériels et immatériels inconnus des hommes depuis les origines et désormais ouverts pour leur compréhension, leur exploration et leur maîtrise.

Cette révolution transforme les rapports de l'humanité à l'Univers, à la matière et au vivant grâce à de nouveaux outils technologiques. De plus en plus affranchis, capables d'interventions dont l'intensité, la créativité et la complémentarité sont sans précédent dans l'histoire, ces outils bouleversent les fondements de la science en produisant une plus-value cognitive, de formidables mises en convergence d'intrants et des moyens puissants d'accélération et de vérification.

Toutes les sciences fondamentales s'en trouvent transformées. Désormais animées par les technologies de l'information, elles renouvellent en les accélérant les communications à l'échelle de la planète, incorporant à la vie quotidienne des hommes et des sociétés les multiples effets de la maîtrise de l'espace. Elles renouvellent la connaissance du vivant, la maîtrise de ses composantes et les rapports entre les espèces. De tels progrès ébranlent des explications scientifiques, philosophiques et spirituelles séculaires. Ces deux cycles nouveaux sont distincts.

Ils s'inscrivent dans des trajectoires propres, celle de la science et celle de la puissance, dont les genèses et les finalités appartiennent à des histoires parallèles, parfois éloignées l'une de l'autre, souvent convergentes. S'ils peuvent se conforter, ils butent à des résistances qui leur sont spécifiques et l'imprévisibilité qui les rejoint n'est pas de même nature.

Ces cycles sont indissociables en raison des interpellations complémentaires qu'ils alimentent s'agissant de la maîtrise des puissances libérées, de la globalisation qu'ils inaugurent et de l'atomisation qu'ils développent. Ils le sont aussi, et en priorité, par la maîtrise qu'exercent sur l'un et l'autre les États-Unis, vainqueurs de la fameuse guerre idéologique de l'autre siècle et initiateurs du cycle technologique du siècle naissant. En ce sens, les mutations technologiques et géopolitiques ont une relation étroite. Elles procèdent d'une volonté politique et d'une idéologie répondant aux mêmes intérêts. Elles traduisent une même stratégie globale et conquérante.

Certes, l'évolution de ces deux cycles et leur aboutissement demeurent imprévisibles tant les mutations technologiques en cours brouillent des repères hier encore incontestés et tant la recomposition des rapports de puissance déborde le court terme, soudée à l'imprévisibilité de l'histoire. Mais à cette étape, la prépondérance scientifique et technologique, politique et militaire des États-Unis est incontestable et leurs visées globales restent sans concurrence.

On a mis toutes les ressources de la puissance publique conjuguées à celles du secteur privé au service de cette ambition, ce qui a donné des résultats fulgurants et décisifs. Ces derniers ont conforté la prépondérance américaine. Ils ont drainé de partout de colossales ressources humaines et financières en appui à la création scientifique et technologique aux États-Unis.

Les États-Unis ont imposé une nouvelle grille de décomposition et de recomposition de la matière et de la vie dont la puissance, l'efficacité et l'universalité ont et auront d'amples effets sur l'humanité dans la très longue durée. Le dévoilement du génome, cette entrée dans la cosmologie organique, illustre ces développements radicaux.

Dans sa première phase, le nouveau cycle géopolitique s'est enrichi de l'exceptionnelle puissance dégagée par le nouveau cycle technologique ouvert à la fin du XXᵉ siècle. Pour un temps, les deux cycles se sont confondus, fécondés et déployés comme les complémentaires d'une même visée sur le monde.

De première puissance, l'Amérique s'impose comme référence avec son modèle comme paradigme quasi universel. Kishore Mahbubani a exprimé le sentiment d'un grand nombre de personnes en affirmant que « la technologie américaine a changé le monde ».

Les cycles globaux, géopolitique et technologique, ouverts à la fin du XXᵉ siècle ont fasciné le monde. Ils l'ont en effet changé. Dès son émergence, la révolution digitale a suscité un rassemblement inédit de la famille humaine. Ni sa nouveauté ni sa complexité ne rebutent.

On l'a immédiatement perçue comme un bien commun, fécond et incontestable. Ce rassemblement a aussi concerné l'économie de marché. Cette dernière a suscité des ralliements spectaculaires à l'échelle de la planète. L'entrée de la Chine dans l'Organisation mondiale du commerce (OMC) le prouve sans conteste.

En une courte décennie, ces cycles nouveaux ont provoqué, sous toutes les latitudes, une révision radicale des politiques scientifiques et technologiques et ont fait varier les choix d'investissements. Ils ont accéléré les convergences des nations regroupées désormais dans des entités régionales et élargi à un nombre croissant de domaines la négociation commerciale internationale. Bref, les règles et les objectifs régissant le nouveau paradigme américain se sont étendus à l'échelle globale.

Les normes construites par et dans la première puissance ont été posées comme « naturelles » et d'intérêt général, susceptibles de structurer les sociétés, toutes les sociétés.

Les mythes fondateurs de ce nouveau paradigme techno-économique porteur de croissance et de développement, messager de l'inclusion et de la sortie de la pauvreté, ont servi de catalyseurs à un élan global unique.

Ils ont bouleversé la nature, le volume et la dimension de la communication à l'échelle globale et, en conséquence, contribué à la croissance exponentielle des flux de rapports entre les individus, les collectifs de toute nature et les sociétés. Ils ont inventé des catégories nouvelles pour exprimer la révolution en cours, des nouvelles technologies de l'information à l'espace virtuel, de la nouvelle économie à la société de l'immatériel. Ils ont présidé à une consolidation des sociétés industrielles désormais aimantées par l'espace économique global.

Ces renversements de perspectives ont produit une décennie exceptionnelle de croissance aux États-Unis même, et dans le monde, une révision spectaculaire et rapide des conceptions de la croissance et du développement. Comprendre cette décennie exceptionnelle constitue le dessein de notre recherche.

Nous examinerons les effets de cette mutation dans deux domaines majeurs : les science de l'espace et les sciences de la vie désormais désignées l'une et l'autre comme science de l'information. Fécondées par la puissance de la digitalisation, les technologies de l'information ont révolutionné la nature, le volume et les finalités des systèmes de communication à l'échelle globale. Elles ont aussi transformé notre compréhension, notre maîtrise et notre utilisation de la prodigieuse fécondité du vivant qui se déploie désormais, grâce aux biotechnologies, dans la quasi-totalité de l'activité humaine.

Le cycle technologique a la dimension d'un préalable tant les espaces ouverts apparaissent infinis. Il appartient en propre à l'ère nouvelle. Mais il fournit au cycle géopolitique certaines de ses structures les plus essentielles. Ses difficultés actuelles n'altèrent en rien la place centrale qu'il occupe désormais dans l'évolution de l'humanité.

Nous examinerons aussi la réponse de l'Europe en tant qu'entité désireuse de se positionner comme puissance face à la prépondérance américaine. Nous verrons aussi l'effervescence sans précédent de l'Asie et l'exploration des voies possibles de l'avenir dans un temps où les régions du monde se constituent en blocs économiques et commerciaux, voire en nouvelles entités politiques. Ces positionnements répondent aux exigences de la compétition économique bouleversée par la nouvelle économie et au surplus de puissance qu'en tire l'Amérique. Ils répondent aussi à des recherches de positionnement dans cette reconfiguration des rapports de puissance, reconfiguration en gestation et dont l'aboutissement demeure imprévisible.

Certes, les États-Unis dominent la phase actuelle. Leur prépondérance scientifique et technologique, économique et commerciale, stratégique et militaire est incontestable et incontestée.

Les analyses prospectives chinoises le reconnaissent et en tirent des enseignements multiples au titre de la sécurité globale, de la nature des conflits à venir, des alliances sectorielles qui marqueront les prochaines décennies. Les scénarios établis par la cellule de prospective de la Commission européenne concernant l'avenir de l'Europe confortent les analyses de leurs collègues chinois. Une même interrogation sous-tend ces projections européennes et chinoises : que faut-il faire pour créer, à terme, un pôle dont la puissance, la prospérité, l'autorité, égaleraient celles des États-Unis ?

La prépondérance du pôle américain découle des avantages accumulés depuis la Seconde Guerre mondiale, de choix politiques et économiques récents et convergents ainsi que d'investissements institutionnels majeurs. Elle résulte aussi d'une nouvelle considération pour la science et la technologie, élevées au rang de leviers majeurs de la productivité, de la croissance, de l'emploi et du commerce international. Ce positionnement traduit en outre l'unité d'action de la nation américaine à l'échelle d'un continent sans comparaison possible avec l'hétérogénéité du dispositif européen et l'éclatement actuel d'une puissance asiatique virtuelle.

Confrontées à cette prépondérance, la réponse européenne et les perspectives asiatiques constituent d'abord un approfondissement des conditions de l'unité d'action à conforter ou à constituer à l'échelle de grands ensembles susceptibles d'infléchir la recomposition des relations internationales. En un temps où l'Amérique joue avec succès la partition de la globalisation, l'Union européenne plus quinze et l'ASEAN plus trois doivent consolider dans le premier cas, et créer, dans le second, celle de la continentalisation.

Colossaux et complexes, ces travaux appellent un renversement radical des rapports entre les nations. Ils engagent une recherche de convergences et une mise en commun des souverainetés dans des ensembles politiques nouveaux dont la puissance est inversement proportionnelle à l'abandon des prérogatives qui ont fait l'histoire des nations.

Pour l'Europe, mais aussi pour le monde, se pose la question de la place et de l'influence de la Russie dont l'aspiration «à rester un protagoniste sur la scène internationale» apparaît de moins en moins illusoire.

De la même façon, on s'interroge pour l'Asie et le monde sur la place et l'influence de la Chine dont les «spectaculaires réussites», selon l'appréciation de la Banque mondiale, pourraient l'élever, dès 2020, au tout premier rang de la compétition économique globale.

La Chine est l'un des premiers bénéficiaires des cycles nouveaux qui participent à la recomposition de l'échiquier des grandes puissances. Elle a réussi son entrée dans la communauté internationale et son influence s'étend dans la grande région asiatique, qu'elle incite par ailleurs à se regrouper dans une alliance économique de grande portée. Elle est le premier bénéficiaire de l'investissement direct étranger après les États-Unis et du transfert de technologies à l'échelle globale.

Le marché chinois est l'un des plus convoité du monde et sa part dans le commerce global connaît une croissance spectaculaire. La Chine poursuit avec constance et succès deux transitions majeures : son passage d'une société rurale à une société urbaine et la transformation d'une économie planifiée à une économie de marché. Dans la recomposition des rapports de puissances, elle occupera une place déterminante et dans son propre repositionnement, elle consacre des ressources considérables à la maîtrise et à l'exploitation des technologies nouvelles.

La doctrine de la globalisation prétend détenir les clefs de la direction et de la cohérence de ce qui advient dans le monde. Certains ont cru à la fin de l'histoire, à l'émergence d'une civilisation universelle inspirée par les acquis matériels et la dissémination de la conception du progrès qui font la force de l'Occident. Certes, les réseaux mondiaux, découlant des deux cycles nouveaux dominés par les États-Unis, ont produit d'indéniables convergences et la phase actuelle, une tension univoque et universelle vers un même système de croissance et de développement. Néanmoins, ils n'ont pas dissous la complexité du monde et sa diversité constitutive. L'histoire n'est pas éteinte, les héritages abandonnés, les civilisations clonées, les volontés de puissance évacuées. Cette pluralité n'a pas fini de confondre ceux qui annoncent la contraction du monde dans un seul système global.

Certes, ce système existe. On en connaît le centre et les finalités. Si la globalisation de l'économie peut se contracter, il est peu probable cependant qu'elle se dilue dans un système éclaté qui en ruinerait la substance. Certains de ses acquis participent à la recomposition du monde et appartiennent désormais au patrimoine commun de l'humanité.

Nous avons été les témoins de bouleversements si considérables qu'il apparaît périlleux d'anticiper les évolutions du monde dans les prochaines décennies. Il apparaît toutefois indéniable que la première phase de la globalisation a touché à son terme. La décennie euphorique est terminée et, avec elle, une conception univoque et impériale de la recomposition du monde. Voici à nouveau le temps de la complexité, celui de la recherche d'une cohérence et d'une cohésion de ce qui adviendra de l'humanité. Le modèle économique et financier, qui constitue la vraie carte d'identité de la globalisation, a subi la dure épreuve des faits.

Annoncée par les apologètes des systèmes nouveaux, la fin des cycles économiques a été brutalement contredite par la crise des économies de l'Asie du Sud-Est dont les effets sociaux ont durement touché plus de 20 millions de personnes. Cette crise, sans doute la plus grave depuis la grande crise de 1929, a montré l'extrême dépendance des économies nationales dans un monde qui fait de la libre circulation des capitaux un impératif catégorique. Elle a montré, de plus, le caractère impérial et « caduc » des interventions des institutions financières internationales et plus particulièrement celles du Fonds monétaire international (FMI). Elle a fait ressortir la fragilité d'un dispositif global incapable de contrer la propagation d'une crise née en Asie, frappant et la Russie et le Brésil et menaçant le monde.

Enfin, elle a mis au jour les limites de l'autorégulation d'une composante majeure du système global, la composante financière.

La globalisation des marchés commerciaux, cette autre composante du système global, a subi à Seattle une rude mise en question et en procès. Depuis, on a relancé la négociation. Mais l'esprit de Doha semble fragile compte tenu notamment des nombreuses politiques protectionnistes de l'administration américaine et de la politique agricole de l'Union européenne. Enfin, la destination du flux des investissements, qui a mis entre parenthèses de vastes régions du monde, a brutalement contredit les promesses d'inclusion, de croissance et de développement partagé.

Depuis 1990, on assiste à la dégradation de la carte vitale de l'humanité. La pauvreté a gagné du terrain en Asie du Sud, en Europe centrale et en Afrique subsaharienne. La situation en Amérique latine s'est aussi récemment détériorée. Dans cette période qui coïncide avec une baisse radicale de l'aide publique au développement, le creusement du transfert net des ressources des pays en développement est redevenu négatif et, pour la quasi-totalité de ces pays, le revenu par habitant est inférieur à ce qu'il était en 1990. Pour près d'une moitié de l'humanité enfermée dans une pauvreté matérielle et psychologique radicale, les promesses de la globalisation, soit l'accès universel à une croissance et à un développement partagé, n'ont pas eu de suite.

La globalisation n'a pas créé la vaste communauté des hommes dont les besoins et les droits sociaux et économiques sont brutalement contredits par des conditions sociales et économiques extrêmement dures. On ne pouvait pas raisonnablement espérer qu'en une décennie, la globalisation change ce qui mérite changement. Par contre, on pouvait espérer qu'elle préside à une redéfinition des rapports entre les zones développées du monde et celles qui sont «hors de l'économie mondiale», selon la terrible expression de l'OCDE. On n'a pu voir ni cet ébranlement ni cette redéfinition. De plus, une fracture technologique s'ajoute dorénavant aux profondes disparités qui divisent le monde. Certains ont conclu prématurément que la fin de la dualité idéologique de l'autre siècle poserait les conditions d'une inclusion, d'une croissance et d'un développement partagés. Ils avaient oublié les profondes fractures dissimulées par les anciens cadastres idéologiques que vient davantage révéler qu'absorber l'ère technologique et géopolitique nouvelle.

Quel usage peut-on faire des nouvelles technologies pour combler ces disparités et cette fracture? Est-il possible de les combler dans le système global actuel? Nous examinerons aussi ces questions qui résument les enjeux et défis fondamentaux du temps et la redoutable impasse logée au cœur du système global.

* * *

Deux milliards de personnes naîtront dans les zones défavorisées du monde d'ici 2020. Dans la même période, la population urbaine de ces zones passera de 1,9 milliard d'habitants à plus de 3 milliards. Des 23 villes comptant plus de 10 millions d'habitants, 20 seront dans les pays en développement (14 en Asie, 4 en Amérique latine et 2 en Afrique). Ces prévisions plaident pour une révision radicale des conceptions du développement et des règles présidant aux relations entre les communautés humaines. Dans le cas contraire, l'incivilité et le non-droit pourraient étendre leur ombre sur ces communautés humaines et sur le monde. Voilà ce qui pourrait advenir dans les zones sous-développées dans un temps où les flux multiples d'images, d'idées et d'analyses nourrissent des attentes élevées et révèlent à tous les acquis nouveaux de l'humanité, la croissance de la richesse, les conditions de la qualité de la vie, les exigences concrètes du plein respect des droits sociaux, économiques et politiques de tous.

Enfin, le modèle économique américain devient fade et le souvenir de ses succès s'estompe. Certes, l'économie des États-Unis demeure la première du monde, mais elle a perdu son élan et, comme l'année 2002 et les premiers mois de 2003 le démontrent, sa capacité de polariser les ressources humaines et financières nationales et internationales.

On observe un resserrement des rendements et une contraction des marges. L'explication de sa prostration actuelle déborde les causes classiques fermant les cycles économiques. Elle découle de prises de risques et de projections irresponsables et irréalistes, de méthodes de gestion et de comptabilités hasardeuses et, dans certains cas, criminelles. Elle résulte aussi d'un système d'évaluation continue des résultats qui imposent des rythmes de croissance, de rendements impraticables et qui expliquent, en partie, les désastres récents.

Elle provient enfin d'une appréciation erronée de la puissance et de la fécondité de la nouvelle économie et de ses supports technologiques comme moteur et nouveau paradigme d'une croissance enrichie, accélérée et durable aux États-Unis même et dans le monde.

L'exemplarité du modèle américain qui a tant fasciné la planète, à la fin du siècle précédent, est mise à mal par cette perte de confiance qui l'affecte sévèrement. L'unilatéralisme global qui caractérise la politique extérieure américaine au début du siècle ajoute à cette érosion de l'ascendant, de l'attraction et de l'inspiration qui, dans la première phase de la globalisation, dominaient la recomposition géopolitique du monde.

Ces limites n'altèrent en rien le fait majeur de ce temps, soit la prodigieuse aventure scientifique et technologique, financière et économique qui a conforté la prépondérance des États-Unis dans les affaires du monde, qui a amorcé une révolution globale en matière d'information et de communication et qui a lancé dans l'histoire l'immense et imprévisible mutation de la maîtrise de la vie.

Enfin, la frappe terrible qui a ébranlé, en septembre 2001, la seule puissance globale illustre le poids des dogmes, ces archaïsmes durables au cœur de l'imprévisibilité de l'histoire. Soudain, la vulnérabilité de toutes les puissances, la force des mythes et des symboles se sont imposées dans un temps où des flux d'images, d'idées, d'information et de désinformation alimentent les représentations les plus contradictoires.

Cette frappe a fissuré l'optimisme américain, ce moteur historique de la grande république. Elle a forcé la définition et le déploiement d'un appareil sécuritaire contraire à ses traditions et aux puissants stimuli qui, libérés de toute contrainte, alimentaient l'expansion de réseaux nationaux et globaux et contribuaient à l'ouverture du monde. Elle a conduit le pays à investir massivement dans la défense et à porter la réplique en Asie centrale, l'une des zones non seulement les plus fragiles du monde, mais aussi l'une des plus stratégiques.

Elle a introduit dans la géopolitique des tensions d'une grande intensité et révélé à tous l'incivilité grandissante qui est l'apanage d'un grand nombre dans le monde. Au moment de la rédaction, le déclenchement d'une seconde guerre du Golfe apparaît éminent et « justifié », selon Washington dans sa lutte contre le terrorisme et les « amis » du terrorisme.

Sommes-nous les témoins d'une parenthèse dramatique qui pourra se résorber dans le temps ou est-ce la première étape d'un nouveau système global aux conséquences incalculables ? Les terroristes de septembre 2001 ne représentent-ils qu'eux-mêmes et des réseaux restreints d'illuminés victimes de leur propre exaltation ? Sont-ils, au contraire, les premiers pantomimes d'une ère violente en train de s'élaborer dans l'espèce et, avec elle, des systèmes troublants de représentations du monde portés par la puissance des technologies de l'information, et révélant l'effroyable disparité dans l'appropriation des biens matériels les plus élémentaires et des biens immatériels les plus indispensables ?

Les nouveaux cycles géopolitique et technologique dont nous analysons ici l'émergence, les contenus et les effets ont changé le monde. Leurs réverbérations rejoignent toute la famille humaine et contribuent à la révéler à elle-même, une et fractionnée, singulière et éclatée.

Désormais, l'humanité a accès à des leviers inédits pour la croissance, le développement et la maîtrise de la matière et du vivant. Ces positionnements nouveaux coïncident avec une extension continue de l'information, un accroissement constant du flux d'idées, d'images et de personnes renouvelant l'ensemble des relations entre les personnes et les sociétés.

Le concept et la réalité de la globalisation se sont imposés sous toutes les latitudes et, avec eux, une vision renouvelée de l'unité et de la totalité de l'humanité dont la fascination est manifeste. Cette vision constitue un acquis précieux mais ambivalent. Elle rappelle notamment les exigeantes requêtes d'une vraie reconnaissance et d'une maîtrise des conditions d'exercice, des droits de tous les membres de la famille humaine, de tous leurs droits, politiques, économiques, sociaux, environnementaux et culturels. Elle suppose aussi une recherche inédite des conditions du partage de la croissance et du développement et la mise à niveau des ressources institutionnelles et des règles communes susceptibles de concourir à ces fins, des règles autres que celles découlant du « consensus de Washington ».

Ces dernières années, l'opposition entre délibération et finalités a pris la dimension d'un dogme, comme si les changements du monde advenaient par eux-mêmes ou étaient prédéterminés et intangibles. Comme si les changements du monde dépassaient les capacités de connaître, de débattre et de proposer des hommes rassemblés.

Les événements du 11 septembre 2001 ont mis fin à cette confiscation de la liberté. Ils obligent à nouveau à privilégier la délibération, à rechercher les conditions qui feront que « le monde tiendra ensemble et qu'il nous tiendra en lui, qu'il ne se fragmentera pas, mais restera constitué », selon la forte expression de Suzanne Jacob.

Jean-Louis Roy
Montréal, mars 2003

CHAPITRE PREMIER

L'HORIZON DIGITAL GLOBAL

« American technology has changed the world. »
Kishore Mahbubani

D ans sa dimension planétaire, la révolution digitale émerge dans les dernières décennies du XXᵉ siècle. Elle conjugue puissance et nouveauté, s'impose avec une célérité sans précédent dans l'ensemble des nations industrialisées, des nations intermédiaires et des nations en développement. Elle s'impose aussi dans les communautés régionales ou continentales, dans les institutions multilatérales à dimension mondiale, dans les forums internationaux et dans les organisations privées et publiques à caractère national ou global.

Du G8[1] à l'Union européenne (UE), de l'Association des Nations de l'Asie du Sud-Est (ASEAN) à l'Union africaine (UA), du Marché commun du cône Sud (MERCOSUR) à l'Accord de libre-échange nord-américain (ALENA), la révolution digitale domine les analyses, les propositions et les décisions. Bref, en moins d'une décennie, l'horizon digital global se substitue à tous les horizons sectoriels jusque-là dominants.

Comment expliquer cette tension pour envisager et maîtriser ces nouveaux leviers de tous les développements, cette adhésion fervente et universelle ?

Dans une communication devant les ministres des Finances des pays membres du G7 réunis à Bruxelles en 1995, le président du groupe Olivetti répond, en ces termes, à ces interrogations :

> *Deux mouvements révolutionnaires transforment notre monde, le premier d'ordre technologique, la digitalisation des domaines d'expression et des matériaux les composants, la globalisation de l'économie à l'échelle du monde. Ces deux mouvements sont certes différents mais ils se nourrissent l'un l'autre. Leurs effets conjugués et convergents ont transformé les fondements même de l'activité économique à travers le monde... et les fondations de nos sociétés. Ces mouvements sont sans précédent dans l'histoire[2].*

Des mythes fondateurs puissants

Dans la longue durée, les rassemblements produits par les évolutions technologiques se limitaient à la communauté scientifique et aux secteurs industriels concernés. Ils marquaient une société ou quelques sociétés. Tels furent les rythmes, lents et limités, de la première révolution industrielle, plus accélérés et plus vastes de la deuxième révolution industrielle[3]. La révolution digitale vient briser ce rythme. Dès son émergence, elle a suscité un rassemblement inédit de la famille humaine. Ni sa nouveauté ni sa complexité ne rebutent. On l'a immédiatement perçue comme un bien commun, fécond et incontestable.

L'Observateur de l'Organisation de coopération et de développement économiques (OCDE) du 10 avril 2000 évoque des progrès technologiques et un niveau de bien-être social sans précédent, une longue période de forte expansion où l'économie serait portée par une nouvelle trajectoire de croissance. Bref, concluent les rédacteurs de l'OCDE, les mutations en cours pourraient nous conduire vers une période de développement durable dans le monde entier.

Cette mutation n'est ni fortuite, ni gratuite. Elle pointe en direction du traitement automatique de l'information au moyen des ordinateurs, de la puissance des nouvelles technologies de l'information et de la communication (TIC) et de leur capacité de démultiplier la puissance pratique des idéologies[4].

Prolongement de la victoire du libéralisme économique à la suite de l'implosion de l'Union soviétique, la révolution digitale repose sur un formidable arsenal de mythes fondateurs. Ces derniers proposent de voir le monde sous un nouvel éclairage et de repenser son mode de fonctionnement, selon l'expression d'Al Gore. Cet arsenal se décline comme suit :

- création et maîtrise de l'immatériel, ce champ nouveau et illimité du progrès ;

- accès universel au savoir, à tous les savoirs ;

- mise à disposition du grand nombre des outils technologiques permettant d'accéder à l'immatériel et au savoir universel ;

- assurance que l'appropriation des TIC conduit à un surplus de croissance et de richesse ;

- célébration, *a priori*, de la sortie de la pauvreté des zones sous-développées du monde.

Dans les grands domaines d'application des TIC, la rhétorique atteint de nouveaux sommets : «Nous venons de pénétrer le langage utilisé par Dieu pour créer la vie», déclare le président Clinton, le 26 juin 2000 en annonçant l'achèvement de la première version du génome humain. «Nous voici dans la première phase d'une nouvelle civilisation», affirme Robert Zubin en contemplant le développement de la station spatiale internationale.

Ces fragments de mythologie où Dieu, le cosmos, l'immatériel, le progrès et la richesse trouvent leur place sont alimentés par les révélations de sphères inédites découlant de la révolution digitale :

- celle du nouveau dispositif technologique de communication, véritable système nerveux planétaire, en croissance exponentielle ;
- celle du génome humain révélé en l'an 2000 ;
- celle des progrès dans le domaine spatial ouvrant sur la colonisation de l'espace, illustrés par l'autonomie énergétique acquise en décembre 2000 par la station spatiale internationale.

Ces chantiers inachevés éclairent des superficies jusque-là inconnues. Ils les incorporent dans le langage et l'imaginaire, les stratégies des puissances et la planification des entreprises multinationales, le travail des scientifiques, des juristes et des philosophes, les préoccupations des citoyens rassemblés dans d'innombrables organisations.

Références communes, ils font exploser des flux d'idées inédites et transforment des modes de production dans tous les domaines de l'activité humaine.

Chacun saisit que ces développements ont la dimension d'un prologue, les éclairages de ces sphères inédites ayant la fragilité et la puissance d'un commencement.

- De la carte incomplète et statique du génome désormais accessible depuis mars 2000, nous entrons dans sa cosmologie organique, cette plongée dans la réalité la plus complexe de l'univers : un organisme vivant. Nous sommes au début de la recherche des stimuli les plus intimes actionnant l'immense jeu de connexions des trois milliards de paires de base d'ADN animant les individualités des quelques dizaines de milliards de milliards d'êtres vivants répandus sur la Terre.

– De la station spatiale internationale autonome sur le plan énergétique depuis décembre 2000, nous rejoindrons vraisemblablement la planète Mars, la maison à venir de l'humanité, le lieu de la première colonisation de l'espace et le levier pour d'autres explorations et d'autres installations, pour la maîtrise des immenses réserves des astéroïdes et pour l'appropriation des ressources énergétiques du Soleil. Selon Robert Zubin, des personnes séjourneront sur Mars d'ici 2020. Des villes s'y développeront d'ici 2050… Voici le début de l'ère spatiale, enjeu majeur de notre temps et première phase d'une nouvelle civilisation.

– Au-delà de la taille et de la nature actuelle d'Internet, il nous faut comprendre la puissance qui s'y dissimule, prendre acte de la croissance exponentielle des relais technologiques qui vont quadriller notre monde d'ici 2010. À cette date, selon l'astrophysicien Larry Smars, le dispositif scientifique planétaire comptera 1 milliard d'ordinateurs personnels, 3 milliards de téléphones cellulaires donnant accès au réseau des réseaux et 16 milliards d'ordinateurs aux fonctions les plus diverses.

On ne peut ramener à une simple extension du réseau actuel, sans plus, ces 20 milliards de relais. « Voici un monde dans le monde », nous dit Smars, un nouveau dispositif aux capacités immenses, potentiellement autonome et susceptible de fonctionner à partir de « ses capacités propres ».

Tels sont les mythes fondateurs des nouveaux champs d'observation et d'intervention, ouverts à

l'expérimentation et à l'intervention humaine, la fécondité appréhendée des nouvelles puissances dégagées.

Le résiduel devenu majoritaire

De cette mythologie découle un cadre conceptuel
global, unique, puissant et, selon ses concepteurs, d'application universelle. Nous voici désormais vivant dans
«la métropole globale», selon le président Hultzsch, dans
la «maison planétaire», selon le président Clinton.

On peut résumer ce cadre conceptuel comme suit: la
production d'objets industriels, hier encore considérée
comme le fondement de l'activité économique, occupe
une place déclinante dans l'économie nouvelle. L'activité
et la production économiques se sont déplacées vers un
ensemble de productions et de services immatériels.

Charles Goldfinger illustre la substance de la nouvelle économie comme suit:

> *Même dans les vieilles activités comme l'automobile, la
> part de l'immatériel est devenue prépondérante. 70%
> du prix d'une voiture est déjà dévolu à des facteurs
> immatériels comme la recherche, le design et l'image de
> marque... le résiduel est devenu majoritaire...*[5]

L'entrée dans la nouvelle économie appelle une révision majeure et immédiate des méthodes, des conditions
et des espaces de production. Le monde palpable dominant dans la longue durée de l'histoire et dans la seconde
révolution industrielle disposait de ses méthodes, conditions et espaces de production. Ces éléments sont dorénavant obsolètes. Dans la nouvelle ère, on doit substituer aux cadastres anciens un monde sans frontière où le
capital, le savoir et les produits matériels et immatériels
circulent sans obstacle et sans contrainte.

Les frontières politiques ne sont pas seules à devoir céder leur ancienne prépondérance. L'économie de l'immatériel surgit de multiples convergences.

Convergence des technologies de la communication – téléphonie, informatique, télévision – dans le nouveau paradigme du multimédia. Convergence des nouveaux secteurs industriels – communications et finances, communications et savoirs, communications et loisirs – dans le nouvel espace global. Convergence enfin des secteurs public et privé au profit de ce dernier, seule puissance capable d'accomplir la troisième révolution industrielle et de soutenir la création de la nouvelle économie, seule puissance capable de produire développement, croissance et inclusion.

Ces discontinuités et ces rattachements complémentaires modifient en substance la structure d'intervention des pouvoirs :

- L'émergence d'un marché global suscite convergences, alliances et fusions d'entreprises dont les dimensions doivent répondre à la réalité et aux exigences du marché global.

- Pour les théoriciens de l'espace immatériel, ce dernier inaugure une ère nouvelle, l'ère du cyberespace où se déploie et se consolide la liberté individuelle hors du contrôle étatique dans une sorte de paradis libertaire. Dans ce contexte, les fonctions des pouvoirs publics sont de contribuer à la mise en place de l'espace global.

Ainsi conjugués, les intérêts des sociétés multinationales et des théoriciens du cyberespace occupent largement le champ de l'intervention publique, renforçant un cadre conceptuel unique et puissant.

La nature absolutiste de ces requêtes a été très tôt dénoncée. Lawrence Lessig, professeur à l'École de droit de Harvard, produira sans doute la contre-thèse la plus déterminante[6] à cet égard. Analysant les principaux dilemmes posés par le réseau des réseaux et notamment la protection de la vie privée, l'avenir du droit de parole, la destruction virtuelle des droits d'auteur, il rappelle que le réseau des réseaux n'opère pas sans règles. Ces règles s'insèrent aujourd'hui à même les codes de contrôle du système du fait de ceux qui le construisent, assurent son expansion et en tirent prestige, privilèges et bénéfices. On pense notamment au World Wide Web (www), consortium dédié à l'établissement d'un corps de standards[7], à l'Internet Engineering Task Force (IETF) dédié au développement des normes techniques, à l'Internet Corporation for Assigned Names and Numbers (ICANN) qui supervise le système des normes et domaines.

Seule une forte réaction des acteurs sociaux, soit l'exigence d'un débat ouvert sur les choix complexes et difficiles découlant de l'existence du réseau des réseaux, pourrait éviter une mainmise des pouvoirs financiers et technocratiques sur le cyberespace, laquelle leur assurerait un contrôle sur un grand nombre d'aspects de nos vies. Selon une analyse publiée en juin 2000 dans *The Economist*, ces institutions ont un certain nombre de caractéristiques en commun: elles sont autocréées, autogouvernées et privilégient le consensus entre leurs membres.

De simples décisions d'ordre méthodologique et technique, les travaux de ces institutions ont progressivement rejoint la dimension politique d'Internet, les transformant en décideurs de politiques publiques, en maîtres du résiduel devenu majoritaire.

Les États-Unis comme référence universelle

Croissance continue de la productivité, inflation contrôlée, expansion spectaculaire du marché de l'emploi, stabilité financière, forte croissance de l'investissement, fin des fameux cycles économiques : voilà les effets de la nouvelle économie fondée sur les TIC et leur multiples applications.

Ce «miracle» a un nom : le capitalisme apaisé («*Frictionless capitalism*», selon l'expression de Bill Gates); un lieu : les États-Unis d'Amérique; des héros et des supporters : les dirigeants des sociétés de technologie et les dizaines de millions de croyants investisseurs qui acceptent de payer 65 fois la valeur réelle des actions des sociétés qui les sollicitent; un théâtre : les médias qui servent d'amplificateurs en bombardant leur audience d'un flux continu d'informations favorables.

Ce miracle a aussi un temps, la dernière décennie du XXe siècle qui, mis à part une brève récession, en 1991-1992, a produit un mouvement continu de croissance, le plus long de l'histoire des États-Unis.

Les effets nationaux de la performance américaine suscitent une grande admiration à travers le monde : croissance du revenu des familles, faible taux d'intérêt, chômage à son niveau le plus bas depuis une génération, rentrées fiscales sans précédent conduisant à l'équilibre budgétaire et à l'accumulation de surplus considérables dans le fonds consolidé de l'État fédéral et dans ceux de la sécurité sociale.

Les effets globaux de cette performance ne sont pas moins impressionnants : flux constants d'investissements étrangers vers les États-Unis, exportation des pratiques et des méthodes américaines de gestion, large financement public des nouvelles sociétés et notamment dans le secteur des TIC, positionnement privilégié des sociétés américaines qui se partagent une part croissante du marché mondial dans l'ensemble des secteurs de la nouvelle économie.

Pour un temps significatif, l'évolution des États-Unis se hausse au niveau d'une référence universelle. Ce statut se vérifie notamment par les choix convergents des nations du monde soucieuses de maîtriser la nouvelle économie et de bénéficier de sa fécondité appréhendée.

La référence américaine s'impose sous toutes les latitudes. En 1999, la conférence des ministres de l'OCDE commande des travaux consacrés au rôle de l'innovation et des technologies de l'information dans les performances économiques récentes de ses États membres et prend comme «*point de départ la forte croissance qu'a connue l'économie américaine*[8]». Point de départ ou point de comparaison, l'analyse de l'OCDE renforce, si possible, la référence américaine.

Selon les chercheurs de l'OCDE, on peut résumer comme suit les fondements de la croissance continue aux États-Unis.

– **Progrès scientifiques** sans précédent grâce à la conjugaison des ressources des secteurs privés et publics. Dans ce dernier cas, la loi Bayh-Dole (1980) a étendu la protection des brevets aux recherches financées par des fonds publics. Elle a renforcé la collaboration entre les grands laboratoires et l'État et les entreprises, entre l'université et l'industrie. Un exemple suffit pour illustrer l'incidence de ces ouvertures. Entre 1995 et 2000, plus de 70% des citations en biotechnologie renvoient à des articles ayant des établissements scientifiques publics comme seule origine.

– **Existence de capital-risque**, lequel est aux États-Unis le plus développé du monde. Selon les chercheurs de l'OCDE, l'investissement lié à l'Internet représentait en 1999 plus de la moitié du total de l'investissement en capital-risque aux États-Unis.

- **Politique de soutien à l'innovation** et aux incubateurs que sont les *start-up*, ces unités assurant la synthèse entre la recherche, ses applications et la mise au point de nouvelles sociétés de services technologiques. Entre 1992 et 1999, les technologies de l'information et de la communication représentaient 31 % des brevets délivrés aux États-Unis. Spectaculaires, ces progrès ont d'importantes conséquences. Ils rendent possibles de nombreuses évolutions dans l'économie et dans le processus d'innovation qui s'étendent à un grand nombre de secteurs économiques.

- **Taux de pénétration des hôtes Internet**, aux États-Unis, le triple de la moyenne de la zone OCDE, sept fois celui de l'Union européenne et un peu plus de huit fois celui du Japon. Ce taux de pénétration a une incidence majeure sur le secteur des services, le principal acheteur d'équipements des TIC. Plus généralement, il apporte une contribution substantielle à la croissance économique.

Le message envoyé au monde est clair. Une révolution technologique et économique se déploie dans la première puissance mondiale ; une ère nouvelle porteuse de croissance et de développement s'ouvre à l'ensemble des nations. Le cyberespace transcende le monde physique, fait imploser ses cadastres, offre à l'activité humaine un nouvel horizon, global et intemporel, fécond et durable. Il ouvre une ère nouvelle de liberté, de croissance et de développement.

L'invention du modèle américain

Une mutation spectaculaire des flux scientifiques et technologiques au plan mondial constitue l'assise incontestable du modèle américain. John Gibbons résume cette mutation dans la simple phrase suivante : «*Jusqu'à la Seconde Guerre mondiale, les États-Unis ont emprunté l'essentiel de la recherche fondamentale et de la technologie à l'Europe[9].*»

Cette dépendance a pris fin avec cette guerre et l'investissement massif du gouvernement fédéral américain dans la recherche fondamentale[10].

Ces investissements ont produit des dividendes nationaux majeurs, selon Gibbons :

- la recherche produite dans les universités américaines les situe au premier rang mondial ;

- les laboratoires nationaux attirent les scientifiques et les ingénieurs du monde entier ;

- les chercheurs américains dominent dans la production de la littérature scientifique, les prix Nobel et toute autre mesure d'excellence.

Il en découle également des dividendes géopolitiques historiques, dont l'implosion de l'Union soviétique :

La technologie constitue l'une des causes majeures de l'effondrement de l'économie planifiée, plus précisément la technologie de l'information et des communications à la base de la globalisation des marchés. Dans ce monde de plus en plus complexe, ces économies se sont montrées de moins en moins capables de compétitionner avec l'économie de marché et tout le système s'est écroulé. Nous venons d'observer une mutation découlant des technologies nouvelles et ce que nous observons est tout simplement extraordinaire[11].

Relatant dans ses mémoires une rencontre avec Mikhaïl Gorbatchev, Arthur Miller exprime la même conviction. La «nouvelle tolérance» du président de l'Union soviétique ne tenait pas seulement à sa personnalité.

Les dirigeants avaient dû comprendre que le progrès technologique était impossible si le gouvernement manifestait une méfiance et une peur paranoïaque envers son propre peuple comme envers les étrangers[12].

Cette conviction de la puissance des nouvelles technologies constitue le second fondement du modèle américain, l'assise d'une politique nouvelle et audacieuse mise en place par l'administration Clinton-Gore dès son installation aux affaires.

On ne saurait sous-estimer la ferveur d'une nouvelle génération politique soucieuse de tirer le maximum de profit de la fin de la guerre froide. Cette dernière avait drainé des ressources considérables, scientifiques et technologiques, orienté les travaux des grands laboratoires nationaux et présidé à une politique qui, pour des motifs évidents, privilégiait les besoins de sécurité et donc les investissements dans la recherche à des fins militaires.

Sans perdre de vue les exigences de sécurité, la puissance scientifique et technologique devait se tourner, désormais, vers le développement économique, d'où la relation intime qu'on connaît actuellement entre technologie et économie.

Ce renversement des perspectives a produit une décennie exceptionnelle de croissance aux États-Unis. Il a fait émerger la nouvelle économie. Il a produit dans le monde une révision spectaculaire et rapide des conceptions de la croissance et du développement. «*American technology has changed the world*[13]», comme le dit si bien Kishore Mahbubani. C'est d'abord l'Amérique qui a changé.

Le 2 février 1993, soit un mois après son entrée en fonction, la nouvelle administration américaine dépose un premier document d'orientation arrêtant les nouveaux objectifs de la politique scientifique et technologique nationale et annonçant des changements structurels, organisationnels, et fiscaux devant conduire à leur pleine réalisation. Plusieurs autres suivront, témoignant d'une intense activité conceptuelle et politique[14].

Pour conduire cette politique nouvelle et ambitieuse, l'administration Clinton se dote de deux structures nouvelles situées l'une et l'autre à l'échelon le plus élevé. À côté des grands conseils nationaux existants, le National Economic Council, le National Security Council et le Domestic Policy Council, qui chapeautaient jusque-là les grandes missions gouvernementales, on établit le National Sciences and Technology Council sous la présidence effective du nouveau chef de l'exécutif américain. Les travaux du President's Commitee of Advisors and Sciences and Technology, où siègent les représentants de la société civile : scientifiques, universitaires, industriels et responsables des médias, servent de fondement aux missions et aux fonctions du nouveau conseil.

Bref, en quelques mois décisifs, les nouveaux dirigeants américains ont mis en place les assises d'une politique nouvelle en mobilisant les ressources institutionnelles et en les conjuguant à celles du secteur privé dans un partenariat nouveau. Cette politique aura des répercussions décisives au plan national et mondial.

La visite triomphale du président Clinton et du vice-président Gore à la Silicon Valley dès leur assermentation avait valeur de symbole.

Après la longue période de doute, depuis la défaite au Viêtnam et la demi-victoire dans le Golfe, l'Amérique renoue avec cette forme d'optimisme si particulier qui est le vrai moteur de son histoire. Elle s'extirpe d'une décennie difficile marquée notamment par la baisse de revenus d'une forte majorité des familles, la croissance spectaculaire de la dette publique, le sentiment diffus d'une lente régression de la prépondérance américaine au plan international.

Deux questions hantent la nouvelle équipe dirigeante des États-Unis : comment fonder à nouveau le contrat social national ? comment conforter le positionnement de l'Amérique dans le monde ?

Le contenu politique du modèle américain

Les différentes composantes du modèle américain découlent d'une prémisse et d'une certitude convergentes. La technologie peut et doit produire de nouvelles ressources et de nouveaux leviers. Elle doit devenir le moteur de la croissance économique, l'outil de création et de pénétration de nouveaux marchés dans les domaines suivants : les technologies de l'information, la physique moléculaire, les sciences de l'environnement, les domaines spatial et aéronautique.

Comment assurer cette mutation ? La réponse vient, assurée et décisive.

- Provoquer un changement de nature du rôle du gouvernement fédéral en appui à l'utilisation des nouvelles technologies par le secteur privé.

- Transférer une partie significative des ressources consacrées à la recherche scientifique et technologique dans les secteurs militaires au secteur civil, renverser le ratio 60/40 en faveur du secteur militaire vers une position paritaire en cinq ans.

- Établir de nouveaux partenariats entre le secteur privé et les grands laboratoires nationaux, l'État fédéral et les gouvernements locaux visant notamment, dans ce dernier cas, l'accès aux nouvelles technologies par les petites et moyennes entreprises sur l'ensemble du territoire national.

- Susciter des convergences entre les sociétés et les institutions de recherches en vue de la commercialisation et de l'application des nouvelles technologies.

- Étendre la couverture d'Internet du secteur militaire à l'ensemble des institutions de savoir à tous les échelons.

- Doter le pays d'un réseau national d'infrastructures d'information.

- Rendre permanent le crédit fiscal pour les investissements dans la recherche et l'expérimentation.

- Enfin, libéraliser l'exportation des ordinateurs, des systèmes et des produits de la communication, poursuivre la négociation et la conclusion d'accords de libre-échange, bilatéraux et multilatéraux, tels ceux liant les États-Unis et le Japon, les pays de l'Amérique du Nord, et au plan mondial, ceux qui participent à l'Accord général sur les tarifs douaniers et le commerce (GATT).

Voilà ce que propose le nouveau modèle américain, appuyé sur les fondements suivants.

- Étendre les effets de l'innovation technologique à l'ensemble du réseau industriel, y compris les petites et moyennes entreprises.

- Rendre disponible du capital à coût réduit pour l'investissement dans les nouvelles technologies.

- Assurer le transfert de certains éléments des politiques éducatives développées par les militaires vers le secteur civil.

– Établir des normes dans les matériaux informatiques et les réseaux de télécommunication et les rendre accessibles à l'ensemble du système américain.

Ces mises en convergence mènent à une mobilisation générale des ressources de la puissance publique et à leur conjugaison avec celles du secteur privé. L'objectif est double :

– conserver et enrichir le leadership américain dans les sciences fondamentales, les mathématiques et l'ingénierie, domaines qui nourrissent l'innovation et la technologie ;

– mettre en place les conditions d'une croissance économique créatrice d'emplois et susceptible de se déployer dans un marché mondial ouvert et d'en conquérir une part significative.

CHAPITRE II

LA CONQUÊTE DU MONDE

Au milieu des années 1990, les nations, les communautés économiques régionales, les institutions privées et publiques, nationales et internationales se pressent à la porte du cyberespace. La révolution technologique et la nouvelle économie qu'elle suscite se voient accorder, l'une et l'autre, le statut d'une prescription quasi universelle.

Sans précédent dans l'histoire, cette marche vers un modèle commun n'est ni spontanée ni fortuite. Elle découle d'une vaste mobilisation qui, s'inspirant du modèle américain, lui donne à la fois son extension mondiale et pose les conditions économiques de son développement dans un marché devenu global.

En quelques brèves années (1993-1998), la croisade américaine amplifiée par les messages convergents de ses alliés internationaux et relayés par les médias conquiert l'imaginaire du monde.

Cette conquête est d'abord conceptuelle. Elle suppose le consentement au nouveau paradigme techno-économique et l'enrichissement de la croissance par l'inclusion d'éléments immatériels. Elle a fait l'exceptionnel succès de l'Amérique.

Certes, ce nouveau paradigme fait l'objet de réserves et de critiques. Cependant, entre 1992 et 1999, il sert de levier à une mutation quasi universelle de la concertation, de l'analyse et de l'investissement.

Nouvelle technologie, nouvelle productivité, nouvelle économie : la trilogie s'impose dans l'ensemble des forums politiques et économiques comme référence première et horizon commun.

Par les travaux conduits, les propositions formulées et la récurrence de leurs interventions, trois institutions internationales se sont posées en apologètes du cyberespace et de la globalisation qu'il commande : le G8, l'OCDE et l'OMC. Leurs dirigeants peuvent compter sur l'adhésion de la Banque mondiale et du FMI et progressivement, sur certains des travaux des institutions de la famille des Nations Unies. On pense notamment à l'Organisation des Nations Unies pour le développement industriel (ONUDI), au Programme des Nations Unies pour le développement (PNUD), à l'Organisation des Nations Unies pour l'éducation, la science et la culture (UNESCO) et au Secrétariat général lui-même. Ces hauts lieux de recherche et d'intervention s'inscrivent progressivement dans la mouvance dominante, la critiquant certes mais, pour l'essentiel, s'y ralliant avec une ferveur variable.

Le Sommet du G8

Du Sommet de Naples (juillet 1994) à celui de Gènes (juillet 2001), la réunion des pays les plus industrialisés a fortement contribué à la valorisation de l'âge digital global. En lien étroit avec les dirigeants des sociétés dominantes dans le secteur des technologies de l'information qui lui sert de « groupe de référence », le G8 rend légitime la nouvelle économie et définit une doctrine comportant les principaux éléments suivants :

– affirmation de la fécondité de la globalisation, de la nécessité d'élargir les politiques de libéralisation du commerce et de rejeter toute forme de protectionnisme ;

– reconnaissance de la révolution de l'information comme moteur d'une transformation radicale de l'économie et de la société à l'échelle mondiale ;

– extension des centres d'innovation et de création de nouveaux produits et des nouveaux marchés à l'échelle mondiale ;

– nécessité de libéraliser le secteur des télécommunications et de diffuser Internet à l'échelle mondiale, ces deux piliers de la nouvelle configuration globale ;

– prise en compte du fossé numérique et intervention des puissances publiques visant à le combler et à poser ainsi les conditions d'une large participation aux bénéfices escomptés de la révolution de l'information ;

– extension aux pays en développement des bénéfices découlant de la nouvelle économie. À terme, cette dernière doit accroître leur productivité, leur compétitivité, la taille et la qualité de leur marché du travail. Elle doit contribuer, et fortement, au règlement des défis les confrontant, notamment dans le domaine de l'éducation et de la santé publique. En conséquence, les gouvernements des pays industrialisés, les institutions multilatérales, la communauté internationale des gens d'affaires doivent se mobiliser pour assurer l'entrée des pays en développement dans l'âge de l'information.

Cette doctrine n'a pas varié tout au long de la dernière décennie du XXᵉ siècle, ni la fascination pour le

modèle américain, comme en témoigne le communiqué
du G8 réuni à Okinawa en l'an 2000 :

> *En dépit des progrès récents de l'économie mondiale,*
> *nous sommes conscients que l'heure n'est pas à la*
> *complaisance, puisque la mondialisation s'intensifie et*
> *que la diffusion rapide des technologies de l'information*
> *et des communications (TIC) entraîne des changements*
> *structurels fondamentaux dans nos économies. Nous*
> *voyons dans l'amélioration de la productivité aux États-*
> *Unis et, dans une moindre mesure, ailleurs dans le G8*
> *des signes encourageants montrant qu'une nouvelle*
> *réalité se dessine. Mais pour tirer parti des possibilités*
> *qui s'offrent, nous devons renouveler notre engagement*
> *indéfectible en faveur du changement structurel dans*
> *nos propres économies, y compris le renforcement de la*
> *concurrence et une plus grande adaptabilité des marchés*
> *du travail, avec l'aide de politiques macroéconomiques*
> *judicieuses.*
>
> *Les TIC sont habilitantes parce qu'elles offrent des*
> *avantages aux gens et les relient entre eux dans le monde*
> *entier. Elles donnent aux citoyens du monde la possibi-*
> *lité de s'exprimer, de se connaître et de se respecter les*
> *uns les autres. Elles représentent un potentiel extraordi-*
> *naire pouvant permettre aux économies de croître*
> *encore, aux pays d'augmenter le bien-être de leurs*
> *citoyens et de favoriser une plus grande cohésion sociale*
> *et, partant, à la démocratie de s'épanouir. Il est donc*
> *essentiel que l'accès aux technologies numériques soit*
> *ouvert à tous.*
>
> *Nous reconnaissons tout à fait que la mondialisation et*
> *les progrès rapides des TIC ont suscité diverses inquié-*
> *tudes. Nous devons en tenir compte pour être en mesure*
> *de contribuer à une plus grande paix de l'esprit pour*
> *tous. Agissant de concert les uns avec les autres, nous*
> *maximiserons les avantages des TIC et veillerons à les*
> *étendre à ceux qui n'y ont actuellement qu'un accès*
> *limité. À cet égard, nous nous félicitons de la contribu-*

tion du secteur privé, et notamment celle de l'initiative
du forum économique mondial pour l'accès universel au
numérique et du Dialogue mondial des affaires sur le
commerce électronique.
Pour appuyer ces objectifs, nous nous engageons à poursuivre les buts et les aspirations énoncés dans la Charte
d'Okinawa sur la société mondiale de l'information[1].

L'OCDE

Forum regroupant les 30 pays les plus riches du
monde, l'Organisation de coopération et de développement économiques a mis ses vastes ressources intellec-
tuelles et politiques au service de la fameuse trilogie :
nouvelle technologie, nouvelle productivité et nouvelle
économie.

Dédiée d'abord à l'enrichissement de la croissance
économique de ses membres, l'OCDE constitue un
moteur puissant d'analyse, de comparaison et de
propositions visant la compréhension et la consolidation
de l'âge digital global, comme l'indiquent ses principales
rubriques de recherche et d'intervention : urgence des
réformes réglementaires, développement international,
échange économique, emploi, enseignement et compétence, entreprises, industries et services, études prospectives, sciences et innovation, société de l'information. Cet
ensemble de travaux a contribué à l'élaboration d'une
véritable doctrine consacrée à l'explication de la
mutation du monde.

Portée par un optimisme qui contraste avec la
tradition plus sobre de la maison, l'OCDE dessine une
politique par domaine dont les articulations convergentes sont susceptibles de produire un effet économique
durable pour les décennies à venir : intégration des marchés mondiaux des biens, des services, du capital et de la

technologie ; innovation permanente, durabilité et
stabilité de la politique macro-économique ; réforme
structurelle de grande envergure. Bref, l'OCDE annonce
une nouvelle ère mondiale susceptible de soutenir la
croissance, de conduire à l'inclusion des pays en développement et à la réduction de la pauvreté dans le monde[2].

Au nombre de ces réformes structurelles, l'OCDE
dresse l'état des lieux et les ajustements requis :

- de la libéralisation des mouvements des capitaux à
  la déréglementation et la mondialisation des marchés financiers, commerciaux, de l'investissement
  et de l'assurance ;

- de la production, de l'utilisation et du partage de
  la connaissance à l'échelle mondiale aux besoins
  d'infrastructures induits par le commerce électronique et les nouvelles convergences technologiques du secteur des communications.

Dans l'édition 2000 de ses *Perspectives des technologies
de l'information*, l'OCDE dresse une impressionnante
typologie de leur rôle général et de leur fonction
particulière dans la nouvelle économie, la structure de la
production et de la croissance et la mise en place et l'essor
de systèmes mondiaux dans de nombreux domaines
ouverts par la révolution digitale. À quelques années près,
on retrouve les grandes articulations de la politique de
l'administration Clinton-Gore, étendues à l'échelle mondiale et servant de références aux travaux de l'OCDE[3].

L'OMC

Dans le foisonnement des accords commerciaux
régionaux de la dernière décennie du XXᵉ siècle – 5 entre
1986 et 1991, et 60 entre 1992 et 1996 –, l'OMC s'est

imposée, dès sa création en 1995, comme l'organisation prépondérante en matière d'économie et de commerce au plan global.

Inscrite en haut de liste des priorités de l'administration Clinton, la négociation du GATT, entreprise en 1983 et conclue en 1993, a jeté les bases d'un nouveau système commercial adapté aux réalités et aux exigences d'une économie désormais globalisée. Si l'accord conclu en 1993 inclut les domaines récurrents déjà négociés au sein du GATT, il s'étend à de nouveaux domaines et arrête un mécanisme de règlement des différends qui opposent les États membres.

Winham a clairement démontré le poids des intrants nouveaux qui ont d'une part transformé la négociation initiale et, d'autre part, étendu le champ d'application et la force des nouvelles règles présidant au commerce mondial. Le fameux paradigme techno-économique a imposé ici encore sa logique et ses exigences.

À un commerce en voie d'internationalisation accélérée, à un flux sans précédent d'investissements directs, à un régime où les activités transfrontalières s'imposent, doivent correspondre un système intégré, des règles nouvelles et contraignantes, aussi un dispositif pour leur application et l'arbitrage des conflits.

Défini comme « le plus ambitieux de l'histoire », l'Accord général sur les tarifs et le commerce (GATT) a instauré ce système et ce dispositif en 1993. Au 1er janvier 2002, soit 7 ans après sa création, 144 pays comptant pour 90 % du commerce mondial et davantage en matière d'investissements sont membres de l'OMC, et les candidatures se multiplient. Plus de 30 pays, la Fédération de Russie, l'Arabie saoudite et le Viêtnam, pour ne citer que ceux-là, frappent à la porte.

L'accord initial contient un abaissement majeur des tarifs, la libéralisation des règles du commerce en matière d'agriculture, de nouvelles dispositions dans les domaines des services, de la propriété intellectuelle et du commerce. Il annonce de plus une négociation majeure visant la libéralisation dans les domaines des communications, des technologies de l'information et des services financiers, négociations conclues favorablement à Singapour dans les deux premiers cas, et à Genève, en 1997, pour le troisième.

À n'en point douter, la mission et les fonctions de l'OMC participent à l'extension mondiale du paradigme techno-économique. Cette participation et cette consolidation ont des effets d'ensemble d'une grande portée. Mais elles ont aussi des effets structurants sur chacun des pays membres. En effet, ces derniers ont l'obligation de soumettre à l'OMC des calendriers d'application des règles de l'Organisation à l'échelle nationale. Selon un ancien directeur de recherche de l'OMC, à quelques exceptions près, l'ensemble des pays membres ont rempli cette obligation.

Mise en place rapide de la nouvelle institution y compris du mécanisme de règlement des litiges, extension des champs de compétence faisant suite aux accords de Singapour et de Genève, accueil de nouveaux pays dont la Chine, mise en place de programmes d'assistance technique aux pays en développement : voilà des acquis indéniables de l'OMC, enregistrés sur une très courte période entre 1993 et 2000.

Comment expliquer, dans un tel contexte, l'échec massif et retentissant de la conférence de Seattle en 1999? Comment expliquer le report de la négociation du millénaire, qui devait consacrer les acquis de l'OMC, étendre les domaines de son intervention et consolider sa légitimité?

Si le G8 et l'OCDE cherchent à établir des consensus entre les acteurs publics dans la zone développée du monde, l'OMC doit produire des décisions englobant ces acteurs mais également ceux des zones sous-développées du monde. À la vérité, l'OMC est une table unique de la négociation commerciale internationale visant à fixer les balises communes de la globalisation. Positionnement redoutable s'agissant de l'équité du fonctionnement de l'institution, de la mise en convergence des contenus de négociation et de l'analyse des effets du système juridique encadrant, sous l'autorité de l'OMC, le commerce mondial. Or, sur ces trois plans, la critique des pays intermédiaires et des pays les moins avancés, soit la majorité des membres de l'OMC, a pris un ton radical à Seattle.

– Sur le plan du fonctionnement de l'institution, de son orientation et de son développement, ces pays majoritaires font le constat d'une mainmise par un club restreint de pays industrialisés. Les «globalistes arrogants» qu'ont dénoncés les manifestants dans les rues de Seattle subissent le même jugement dans la salle des délibérations de la part d'une majorité des pays membres. On leur reproche notamment de contrôler l'agenda, de chercher à étendre à tout domaine l'application rapide des règles de l'OMC et de peser sur les choix d'un grand nombre des pays membres.

– Sur le plan des effets du système juridique encadrant, sous l'autorité de l'OMC, le commerce mondial, ces pays majoritaires reconnaissent son incidence sur la croissance globale du commerce mondial. Cependant, ils s'inquiètent de la concentration de cette croissance dans la zone développée du monde, de son peu de répercussions pour eux, de 0,03 % pour les 27 PMA (pays les moins avancés) représentant 20 % de la population mondiale. D'où leur demande d'une recherche commune débordant le seul objectif du commerce libre en direction du *commerce équitable*. Cette requête s'accompagne de sévères critiques sur le détournement des règles convenues dans les domaines de l'agriculture, du textile, des droits d'auteur, des subventions et des investissements.

Nelson Mandela a résumé cet ensemble de critiques comme suit :

> *Les pays en développement n'ont pas été capables d'obtenir des garanties les assurant que les règles nouvelles étaient aussi ajustées à leur réalité [...]. Ce sont les problèmes et les préoccupations des pays avancés qui ont structuré l'accord de 1993. L'application uniforme de ces règles n'est pas équitable, tant les situations des membres de l'OMC diffèrent[4].*

À l'occasion d'une réunion informelle du conseil général de l'OMC tenue à Genève le 30 juillet 2001, le directeur général de l'Organisation reconnaissait les iniquités du système, l'obligation de prendre en compte les intérêts de tous les membres, en particulier des pays en développement et des pays les moins avancés et d'arrêter un programme de négociation qui s'efforce de rendre le commerce international plus équitable.

Évoquant la conférence ministérielle de Doha, prévue pour novembre 2001, il plaide pour l'obligation de résultat, « un résultat satisfaisant pour tous les membres et bénéfique tant pour le système commercial que pour l'économie mondiale ». Ne pas négocier équivaut à accepter le statu quo et ce choix n'empêchera pas la poursuite des négociations commerciales. « *Elles auront lieu, mais en dehors de l'OMC, et ceux qui n'y participeraient pas devraient payer le prix de cette exclusion[5].* »

Le dénouement favorable des travaux conduits à Doha lève ces craintes et notamment celles de la consolidation des blocs commerciaux régionaux au profit de la négociation globale. D'une durée de trois ans (2002-2005), un nouveau cycle a lieu, et il se déploie au sein de l'OMC.

Les représentants de 142 pays ont en effet adopté un vaste programme de négociation dont l'objectif est d'accroître l'activité économique de 2,8 trillions de dollars en 2015. Certains des sujets les plus controversés du commerce mondial apparaissent au menu :

- la politique agricole de l'Union européenne ;
- les mesures protectionnistes américaines concernant l'acier ;
- l'articulation des accords OMC avec les accords environnementaux ;
- l'accès aux médicaments génériques pour les pays en développement frappés par des épidémies ;
- l'ouverture des marchés des services bancaires et d'assurance ;
- l'investissement, la concurrence et l'accès aux marchés publics ;
- le soutien au forum permanent entre l'OMC et le Bureau international du travail (BIT) concernant les normes fondamentales (liberté d'association, interdiction du travail des enfants et interdiction du travail forcé).

De ces travaux, on peut tirer quelques enseignements d'ensemble :

- l'existence d'une volonté politique commune de négocier dans le contexte global et aussi de le conforter au regard d'autres options disponibles ;
- la force d'une nouvelle dynamique de négociation conduisant à des compromis majeurs effectués par les puissance et les autres ;

- la capacité des pays intermédiaires et des pays en développement réunis d'infléchir les contenus du programme de négociation, comme tend à le prouver l'abandon des thèses de l'Union européenne concernant les normes sociales fondamentales et l'inclusion dans la négociation des règles anti-dumping, inclusion combattue par les États-Unis; l'approche minimaliste des domaines de l'investissement et de la concurrence, et enfin l'inscription du domaine majeur de l'accès aux médicaments à bas prix pour les pays en développement;

- l'inclusion des questions environnementales dans le programme de négociation. Certes, la percée est timide. Mais elle permet, dans un premier temps, de clarifier les relations entre les règles de l'OMC et les accords internationaux concernant l'environnement et, dans un second temps, s'il y a consensus, d'approfondir le sens et l'exigence de ces relations.

Voici la quasi-totalité des pays du monde rassemblés autour d'objets de négociation hier encore contenus, compris et structurés dans les cadastres nationaux hérités de l'histoire.

La révolution digitale a contribué à l'implosion de ces cadastres. Elle a rendu possibles des flux d'une taille et d'une intensité inédites se mouvant dans une étendue quasi infinie. Elle ne représente plus l'incarnation du modèle américain, mais un bien commun. Elle provoque des ruptures radicales dans notre compréhension, notre exploration et notre utilisation de l'univers, voire de la vie. Elle traduit bien davantage qu'un moment de puissance dans l'innovation et une conjoncture unique, technologique et géopolitique. Elle révèle et éclaire des espaces matériels et immatériels inconnus des hommes depuis les origines et désormais accessibles à leur compréhension.

Les deux chapitres suivants explorent ces espaces matériels et immatériels : le premier traitera des sciences de l'espace et le suivant, des sciences de la vie. Ils exposent la plus-value de science et de puissance dégagée par la révolution digitale.

CHAPITRE III

LES SCIENCES DE L'ESPACE

« Par essence, les satellites sont des outils globaux. »
Alain Dupras

L'incorporation de l'espace, entendu ici au sens de l'Univers, à la vie quotidienne de l'humanité est un phénomène récent, majeur et durable. Certes, la cosmologie a stimulé toutes les cultures. Les spéculations scientifiques et les questions philosophiques qui en découlent demeurent éblouissantes : de la composition des «corps célestes» à l'existence d'autres ensembles intégrés à côté du nôtre, de la cartographie du ciel à l'énergie qui anime les éléments.

Ces interrogations ont surgi de toutes les grandes civilisations : chinoise, indienne, grecque, égyptienne, africaines, mayas et incas, de toutes les collectivités humaines observant l'Univers depuis les origines de notre espèce.

Dans la continuité de ces interrogations, nos contemporains ont posé des questions inédites. Ces dernières marquent une rupture avec une conception statique de l'Univers, conception posant les convergences des nombres, de la luminosité, de la distance et de la vitesse comme limites aux investigations humaines sur l'Univers.

Dans un livre récent, Ken Croswell a détaillé la chronologie et les événements qui ont enrichi notre connaissance du cosmos[1]. En moins d'un demi-siècle, les applications multiformes d'un grand nombre de sciences ont rendu le système terrestre obsolète. Ils lui ont substitué un système multiplanétaire, notre habitat actuel et virtuel pour les temps qui viennent.

D'innombrables liens soudent désormais notre planète, la vie de l'humanité, leur avenir commun et l'espace entendu ici au sens de l'Univers.

Ces gigantesques changements de nature bouleversent les conceptions cosmologiques classiques, révolutionnent les sciences fondamentales et constituent, dans sa double dimension civile et militaire, l'un des moteurs premiers de la géopolitique à l'œuvre dans le monde.

Les technologies de l'information viennent au premier rang des facteurs de ces changements. On utilise désormais le terme « machine cosmologique » pour désigner les supers ordinateurs dédiés à l'exploration de l'Univers. Après l'avoir rendue possible, les TI en constituent le substrat déterminant. Elles y trouvent aussi leur renforcement, l'espace devenant, selon l'expression du physicien Jacques Blamont, « *le moyen principal de recueillir, de transmettre et de disséminer l'information à une échelle globale*[2] ».

En ce sens, l'espace constitue une composante majeure de la société de l'information. Il est au cœur des rapports actuels entre technologies et géopolitique.

Les progrès de l'exploration spatiale ont provoqué un développement spectaculaire de la micro-informatique. Ces composantes gagnent toujours en puissance et leur capacité multiforme de traitement et de mise en réseaux connaît et connaîtra une croissance continue. D'autre part, les progrès des micromécanismes pourraient accroître de façon exponentielle la présence et la puissance des « machines informaticiennes » dans les prochaines décennies, présence déjà déterminante dans les sondes spatiales utilisées pour l'exploration du système solaire. Les outils terrestres connaissent et connaîtront eux aussi un développement continu, à l'égard de la taille, de la fiabilité, de l'autonomie et de la diversité d'applications. À la présence dans l'espace de constellations artificielles de satellites miniaturisés correspond sur notre planète une constellation de récepteurs tout aussi miniaturisés.

Une cosmologie près de la certitude

Sur le plan de la signification, le bouleversement des conceptions cosmologiques classiques, résultat de l'aventure spatiale, occupe une place prépondérante. Il s'inscrit dans la continuité de l'interrogation des hommes sur les «corps célestes», leur origine, leur composition, leur mouvement, leur positionnement dans un ordonnancement évident et mystérieux.

Physiciens et métaphysiciens, mathématiciens et poètes, théologiens et philosophes apportent depuis toujours leur intuition, leur logique et la puissance de leurs analyses à la conduite d'une entreprise démesurée, impossible et incontournable: livrer les secrets de l'espace, d'un espace où cohabitent les astres et les dieux, les esprits du bien et tous les autres.

Certaines de ces démarches conduisent à des résultats scientifiques probants. On pense notamment aux cartographies du ciel établies par les Chinois, 1000 ans avant notre ère, et dont l'utilité actuelle fait l'unanimité.

Peu d'ouvrages occidentaux consacrés à l'histoire des sciences ou des technologies prennent en compte l'immense contribution scientifique chinoise à l'observation et à la compréhension de l'Univers, révélée notamment par la gigantesque somme *Civilization and China* (17 volumes) produite par Joseph Needham et son équipe à Cambridge. Cet oubli englobe aussi la fécondité des liens entre les sciences élaborées en Chine et celles élaborées aux Indes et révélées notamment par les travaux de Bagchi[3]. On pense en outre, dans la période moderne, aux travaux de Copernic, Brahé, Kepler, Galilée et Newton.

Dans la foulée des travaux menés dans la première décennie du XXe siècle par Edwin Hubble, Einstein pose deux questions inédites, la première concernant l'âge de l'Univers, la seconde celle de son expansion. « Est-elle éternelle, demande le célèbre physicien, ou au contraire cette extension s'arrêtera-t-elle renversant ainsi sa marche et se détruisant ? »

Ces questions consomment la rupture avec une conception cadastrale de l'Univers, une conception qui limitait l'interrogation humaine concernant l'espace au nombre, à la distance, à la vitesse et à la luminosité des astres. À cette conception d'un univers fini dans l'espace et dans le temps succède celle d'un univers en expansion, peut-être infini dans l'espace et dans le temps. Cette substitution vient donc mettre fin à une explication globale du monde prévalant en Occident depuis la civilisation grecque.

Les interrogations d'Einstein trouvent réponses dans la première moitié du XXe siècle. En 1925, Edwin Hubble fait le constat de l'existence d'objets en mouvement en dehors de notre galaxie. Une décennie plus tard, il affirme que les nébuleuses hors de notre galaxie constituent des galaxies s'éloignant les unes des autres à une vitesse proportionnelle à leur distance, donnant ainsi naissance à la théorie du Big Bang.

Ces deux révélations convergentes rejettent les thèses qui dominaient depuis des siècles. Elles transforment radicalement les anciens objets d'observation et d'étude, le mouvement prévisible des astres et la fixité de leur trajectoire. De nouveaux paramètres s'imposent alors concernant les origines, la formation, la structure, l'évolution, la durée des galaxies, les effets de leur cohabitation, rencontres et collisions dans l'espace. De ces nouveaux paramètres découle la théorie de l'expansion de l'Univers. L'évolution lie désormais les deux pôles extrêmes de la durée et de l'infini, celui des origines et celui de l'eschatologie.

En 1938, les chercheurs allemand et américain Carl Friedrich Von Weizsäcker et Hans Bethe ouvrent le vaste domaine de l'astrophysique nucléaire. Leur recherche sur la structure du monde, la température, la pression, l'équilibre et la masse des éléments les conduisent à décoder les composantes des réactions nucléaires et à poser la transformation de l'hydrogène en hélium comme la première phase du processus évolutif de l'Univers. Dans les décennies suivantes, ce schéma sera enrichi de façon substantielle, de l'hélium au carbone, puis du carbone à l'azote et à l'oxygène. Sous l'effet de hautes températures et densités, on signale qu'une perte de masse accompagne toujours ces transformations. En conséquence, les structures stellaires évoluent et les éléments chimiques perdus sont recyclés en éléments nouveaux et solides dans l'espace. Ainsi définit-on, selon la belle image de Hubble, les origines « de la faune et de la flore de l'espace ».

L'astrochimie et l'astrobiologie sont l'une et l'autre transformées par ces connaissances déterminantes. Avec les découvertes de l'astrophysique, des matériaux inédits s'offrent pour l'analyse des rapports constitutifs entre les réactions chimiques, l'origine et l'évolution de la matière et de la vie. La production, en orbite, d'échantillons de cristaux organiques conduit à des applications qui révolutionnent l'électronique, l'industrie chimique, les biotechnologies et la médecine.

Ces acquis, découlant du croisement entre hypothèses et observation par télescope, connaîtront un formidable développement grâce à l'observation rapprochée rendue possible par la technologie du verre et par le télescope spatial Hubble. Ce dernier augmente par un facteur de dix la précision des images des galaxies, de leur formation et de leur circulation; celle aussi de l'analyse continue ou comparée que rendent possible l'utilisation d'ordinateurs, individuels ou collectifs, et des capacités nouvelles de simulation continue. Des connaissances nouvelles et abondantes naîtront de la trilogie hypothèse, observation et informatique.

Des supers ordinateurs individuels sont aujourd'hui reliés par centaines afin d'inclure les millions de particules nécessaires à l'expérimentation. On a de plus recours à des puces spécialement conformées pour accélérer les simulations.

Ces travaux ont des effets d'entraînement sur la construction des satellites et des véhicules spatiaux et leurs équipements et pour la collecte, le stockage et l'interprétation des données recueillies dans l'espace.

Ce qui vaut pour les calculs des grands nombres d'orbites vaut aussi pour l'établissement de la cartographie de l'Univers, la détermination de la formation des galaxies et de leur positionnement, la classification en fonction de la forme, de la luminosité et de la composition et la mesure des effets d'étirement découlant de l'expansion de l'Univers.

On tire également profit de ces puissances nouvelles pour l'analyse de la composition de l'Univers dévoilée par les accélérateurs de troisième génération et pour la transcription électronique permettant d'en mesurer les effets: des agglomérations de particules composant l'atome à la division des protons et des neutrons en quarks. Cette conception révolutionnaire permet d'ouvrir les particules jusque-là fermées sur elles-mêmes et d'en dégager les lignes vibratoires, comme les cordes d'un instrument de musique, autre façon de saisir la nature et la circulation des «corps célestes[4]».

En avril 2000, un collectif de scientifiques représentant 16 institutions de recherche à travers le monde dégage de l'observation d'ondes cosmiques éloignées et associées à des radiations découlant du Big Bang, les conclusions suivantes: l'énergie originelle fut libérée dans l'Univers voilà 14 milliards d'années et l'effet d'expansion qui s'en dégage semble infini[5].

Depuis, les travaux de Georges Gamow, d'Allan Sandage, de Wendy Facedman et de David Schramm ont permis de décrire l'évolution de l'Univers dans la très longue durée: des particules primordiales, quark, lepton, gluons à la formation des galaxies, groupes et super groupes de galaxies structurant l'Univers comme nous le connaissons aujourd'hui.

Dans son ouvrage récent consacré à la croissance de la complexité dans le cosmos, Chaisson analyse chacune de ces étapes. Il démontre la corrélation entre systèmes ouverts et augmentation de la complexité en opposition à l'augmentation du désordre dans les systèmes fermés. Il cherche aussi, par une multiplication des tables de calcul et de références, à montrer la permanence du principe physique produisant la complexité à chacune de ces étapes[6].

Le caractère universel de ces recherches concernant l'espace apparaît manifeste. Il concerne toute l'humanité. Qu'il s'agisse de la compréhension nouvelle de la durée, de la composition et de la mobilité dans l'Univers et de l'Univers lui-même et des applications au système biologique des découvertes effectuées dans l'espace, l'exploration de l'Univers constitue, même dans la phase initiale actuelle, un enrichissement spectaculaire de la connaissance humaine, un enrichissement majeur de la compréhension de la vie elle-même.

Dans la longue construction de cette connaissance, des individus connaissaient et maîtrisaient les contenus d'étapes précédentes. Ces connaissances s'ajoutaient lentement au patrimoine commun du savoir. L'étape actuelle se caractérise par la dissémination universelle immédiate des acquis, leur intégration dans les hypothèses, les interventions et les travaux d'équipes disséminées à travers le monde, du Japon au Brésil, de l'Union européenne à la Chine, de la Russie à l'Inde.

Dans une intervention majeure cherchant à justifier l'investissement requis pour la construction de la station spatiale internationale, Daniel S. Goldin affirmait que les États-Unis ne pouvaient poursuivre seuls les tâches gigantesques ouvertes par l'exploration de l'espace. Mentionnons la détermination des effets physiques et psychologiques de séjours de longue durée dans l'espace; le développement des aptitudes humaines pour œuvrer en synergie avec des robots; la compréhension des enseignements découlant de l'exploration de l'Univers, en particulier de la planète Mars, sur les conditions d'émergence du vivant[7]. Les conséquences conjuguées de l'évolution physique et chimique de l'Univers et celles affectant la biologie elle-même ouvrent des champs de recherche débordant les capacités des plus puissants. Elles requièrent la mise en commun des investissements de nombreux intervenants. Ce sont là quelques-unes des finalités de la station spatiale internationale, la première entreprise multilatérale d'intervention dans l'espace.

Cette entreprise ne doit pas nous faire perdre de vue que la courte histoire de l'exploration de l'espace a donné lieu à une gigantesque compétition, une guerre pour la prépondérance entre les États-Unis et l'ancienne Union soviétique[8]. Certes, cette compétition a pris fin. Mais l'industrie spatiale s'est développée et la concurrence, élargie à un très grand nombre de pays dont l'Inde, le Japon, la Chine, l'Union européenne et les pionniers russes et américains. D'autres pays se sont dotés de programmes spatiaux et pourraient joindre le club sélect de ceux dont les travaux et investissements comptent dans la maîtrise et l'exploitation à venir des ressources de l'Univers.

Certes, les États-Unis disposent en ce domaine d'une prépondérance manifeste. Cependant, de l'avis d'un grand nombre de chercheurs, les perspectives ouvertes par l'astrophysique et l'astrochimie contemporaines de même que leurs effets sur le vivant appellent des investissements internationaux débordant la seule capacité de la grande république. Diverses entreprises en cours, bilatérales et multilatérales, démontrent en effet la fécondité de ces mises en commun, car si « l'Univers est tout ce qu'on peut dire, nul ne peut tout dire de l'Univers ».

Des sciences en expansion

Massif, l'effet d'entraînement de l'exploration de l'espace sur le patrimoine scientifique de l'humanité et l'organisation actuelle et virtuelle des sociétés humaines donne tout son sens à la vieille expression marxiste de « saut qualitatif ».

S'imposent chronologiquement et en priorité les recherches appliquées visant à maîtriser scientifiquement les déplacements dans l'espace par le mathématicien et physicien russe Tsiolkovski (1857-1931) et les fabuleux développements qui ont suivi ; celles aussi de l'ingénieur américain Robert Hutchings Goddard (1882-1945) et le lancement en 1926 de la première fusée dans l'espace. Cet événement aussi a donné lieu à de grands développements. Ces travaux sont les lointains ancêtres de multiples échecs et accomplissements qui, ensemble, constituent l'extraordinaire histoire contemporaine de l'exploration spatiale.

Nous expérimentons déjà à l'échelle de la planète la prodigieuse fécondité des grands systèmes spatiaux de télécommunication, de navigation et de télédétection. Ces derniers ont révolutionné l'information. Installés sur l'ensemble de la planète, ces dispositifs universels de communication constituent le substrat de la globalisation.

Les technologies de l'information ont permis la mise en place de tels systèmes tout en en bénéficiant. On peut dire la même chose de la recherche continue des matériaux et des conditions de l'accélération dans la collecte, le traitement, la précision de la transmission des données, l'enrichissement de la surface, du volume et de la variété des services offerts, des fonctions de coordination, de connexion notamment pour les collectifs de satellites. Une attention continue portée à l'économie d'énergie pour l'alimentation des composantes électroniques a marqué chacune des étapes de la mise en place du système spatial.

On pense notamment aux domaines de la prospection des ressources naturelles (inventaire agricole, état des superficies cultivées, reconnaissance de la nature des sols, inventaire des ressources en eau, dépistage des maladies de la végétation), de la veille environnementale[9] (état de la forêt tropicale, cataclysme naturel, évolution de la couche d'ozone, mesure de l'effet de serre, réchauffement du climat), des variations thermales, des évolutions océanographiques, de la formation et de la force des pluies tropicales, de la localisation spatiale, de la digitalisation de la cartographie de l'Univers[10].

L'utilisation de robots, de radars, de lasers, celle aussi de collectifs d'outils optiques sur Terre ou dans l'espace ont considérablement enrichi notre connaissance de la planète[11]. En effet, tous ces domaines ont connu un développement exceptionnel grâce à l'aventure spatiale.

Dans un ouvrage consacré aux nouveaux matériaux du XXᵉ siècle, Philip Ball a dressé l'inventaire des matériaux produits aux fins de l'exploration spatiale. On pense notamment à l'alimentation énergétique cellulaire à base de silicone cristallin et au diamant artificiel pour la maîtrise de la température et la protection contre les rayons infrarouges. On peut nommer également les matériaux amorphes dont les propriétés physiques, chimiques et mécaniques leur assurent une place prépondérante dans les domaines électroniques, énergiques et dans l'ensemble des TIC[12]. La Chine occupe le second rang après les États-Unis dans la maîtrise des matériaux amorphes. On pense de plus à l'utilisation adaptée de l'énergie nucléaire pour des explorations très lointaines et de très longue durée.

Ces acquis scientifiques ont enrichi notre connaissance et notre compréhension des interrelations entre l'espèce humaine, la Terre et l'Univers. Leurs effets débordent le seul domaine spatial. À titre d'exemple, l'utilisation de l'énergie solaire comme moteur des satellites artificiels a donné lieu à des projets de recherche sur la transmission à haut débit et à coûts comparatifs de cette énergie propre vers la Terre. On pense notamment au projet LENET de la NASDA, au projet GLASER étudié par la NASA et à plusieurs autres approuvés par l'agence américaine en 1999. On pense aussi à l'éventuelle incorporation dans les projets énergétiques de la transformation des liquides sous basse gravité.

Dans le domaine de l'aéronautique, l'aventure spatiale annonce des progrès majeurs : des matériaux utilisés pour la construction des avions aux systèmes de communications, de positionnement, de surveillance et de sécurité. Enfin, plus largement, l'étude des conditions inédites prévalant dans l'espace et affectant les comportements et les performances humaines ont et auront des retombées sociales majeures[13].

Parmi les acquis scientifiques déterminants de l'exploration spatiale, on note l'émergence d'une science nouvelle, l'astrobiologie, soit l'étude de la vie dans l'Univers. Elle y occupe une place majeure[14].

Multidisciplinaire, la science nouvelle inclut dans ses finalités la compréhension des origines et des interrelations des composantes de la vie, des influences extraterrestres sur l'évolution de la vie sur notre planète et des effets de la vie sur l'environnement et vice-versa, aussi des conditions de l'existence humaine en dehors de notre planète, des analyses aussi visant la compréhension du déplacement de la vie depuis sa planète d'origine[15].

Comme le note la NASA, qui a fondé en septembre 1998 l'Institut d'astrobiologie[16], ces questions ne sont pas nouvelles. Par contre, la dimension cosmique des hypothèses et des systèmes d'expérimentation désormais accessibles l'est, sans contredit.

L'astrobiologie met à contribution les acquis de l'astronomie. Elle les conjugue avec ceux de la chimie organique et inorganique, de la biologie moléculaire, de la microbiologie, de la génétique, de la géologie, de la paléontologie, de l'océanographie, de la climatologie et des sciences éthiques. Cette extraordinaire mise en convergence annonce des retombées pratiques considérables sur les sciences de la reproduction et de la fertilité, la physiologie, la neurologie, les liens entre les conditions environnementales et l'évolution du vivant.

Dans un rapport publié en octobre 2001, la NASA articule sa conception des connexions entre les exigences de l'astrobiologie et les prochaines étapes de l'exploration spatiale. Il s'agit notamment de chercher des méthodologies nouvelles pour la numérisation des données biologiques, le fonctionnement et l'évolution des cellules sur la Terre et dans l'espace. En ce sens, l'astrobiologie est, elle aussi, une science de l'information. On a mis au service de cette entreprise inédite les capacités du Stanford's Center for Biomedical Computation et du NASA's Center for Computational Astrobiology and Fundamental Biology[17].

L'espace comme enjeu géopolitique et économique

L'espace constitue un enjeu géopolitique majeur en matière de souveraineté, de puissance, de prépondérance scientifique et technologique et de croissance économique. Il commande désormais le maintien et l'expansion de secteurs industriels stratégiques majeurs, l'investissement continu et massif dans la recherche fondamentale et appliquée au double plan civil et militaire. Au-delà des entreprises bilatérales et multilatérales dont on admet l'importance, la compétition entre les puissances actuelles et virtuelles de la planète inclut désormais l'espace.

Cette compétition est d'ordre scientifique et technologique. Elle met en présence un nombre grandissant d'États et l'Union européenne. Elle génère un volume considérable de rapports entre les États, leur communauté scientifique, les gestionnaires de leurs programmes nationaux et les opérateurs publics et privés du domaine.

Cette compétition est aussi d'ordre militaire. La conduite des guerres récentes, celle du Golfe (1990-1991) et celles des Balkans (1991-2001), a prouvé hors de tout doute la place désormais centrale de systèmes satellitaires de surveillance, de captation, de transmission, d'analyse et de guidage des opérations de terrain[18].

La performance de ces systèmes n'est pas sans faille. Mais leur puissance est indéniable. Le projet américain de défense antibalistique appartient à cette configuration liant désormais technologies de l'information et technologies spatiales, système de surveillance, de défense et de frappe. L'industrie militaire est désormais liée à l'industrie spatiale, cette dernière indissociable des technologies de l'information[19].

Cette compétition donne lieu à de puissantes initiatives et à des travaux prospectifs de grande envergure. En

1993, la direction de l'aviation militaire américaine mettait sur pied un groupe de travail Spacecast 2020 visant à maintenir pour le XXIe siècle sa capacité de «*défendre les États-Unis grâce au contrôle et à l'exploitation de l'air et de l'espace*[20]». De plus, elle lançait un exercice de simulation et de planification visant à définir les besoins en équipements pour la période 2003-2025.

Complémentaires, ces travaux devaient produire un cadre conceptuel susceptible de déterminer et d'intégrer les évolutions technologiques souhaitables et leurs applications, en plus de proposer des usages novateurs des systèmes spatiaux. L'ensemble des intervenants du secteur étaient invités à produire de la pensée «créatrice», de la pensée «révolutionnaire» afin de maintenir la prééminence technologique américaine dans les domaines aéronautique et spatial et de conforter ses forces complémentaires, rapidité, souplesse, précision et puissance.

Fidèles à la méthode américaine, ces vastes entreprises lancées par la puissance publique réunissaient leurs ressources propres, celles des institutions de haut savoir des forces militaires, celles aussi du secteur privé. En effet, les plus importantes sociétés du secteur des technologies de l'information participent à l'exercice et les ressources informatiques de l'armée de l'air viennent en appui aux travaux du Spacecast 2020.

Pour leur part, l'Union européenne et l'Agence spatiale européenne ont adopté conjointement une stratégie européenne pour l'espace. Les objectifs du rapprochement entre les deux entités, jusque-là indépendantes l'une de l'autre, étaient multiples :

– intégrer la dimension spatiale dans la politique communautaire ;

– étendre les champs d'action de l'Agence spatiale européenne en direction de domaines prioritaires pour la communauté, et notamment la politique de défense commune et la politique étrangère commune;

– accroître la compétitivité de l'industrie spatiale européenne vise à vis des États-Unis et soutenir un secteur industriel stratégique de haute technologie et à valeur ajoutée.

Désormais, on peut considérer le système spatial européen comme partie intégrante des intrants scientifiques et technologiques, politiques et économiques visant à conforter la communauté et sa place dans le monde. Certes, la nouvelle stratégie européenne de l'espace repose sur les acquis d'un demi-siècle d'investissements continus et de succès remarquables, mais sa visée géopolitique demeure inédite[21].

Mis en place en 1964, les premiers organismes européens de l'espace ont fait l'objet d'une fusion en 1975 au sein de la nouvelle Agence spatiale européenne. En quelques brèves années, cette agence se taille une place dans la compétition mondiale. Elle produit cinq générations successives de lanceurs (d'Ariane I à Ariane V) et gagne une part significative du marché international. Elle dote le continent de systèmes satellitaires de communication (Artemus Artes), de météorologie (Météostat), d'étude de la magnétosphère (Mission Cluster), d'observation des océans (Mar BZ), d'observation du système solaire (XMX Newton, Soho) et d'objets distants (Ulysses, Hipparcos).

L'Agence spatiale apporte à la communauté de puissants projets scientifiques et technologiques, économiques et commerciaux pour les deux prochaines décennies: satellites de la deuxième génération pour l'observation de la Terre (Envisat), véhicule express pour l'exploration de la planète Mars (Mars Express), système avancé de télécommunications (Aste) et entrée de l'Europe dans le domaine convoité des systèmes satellitaires de navigation (Galilée). Enfin l'agence annonce d'importantes recherches sur les structures des matériaux, la propulsion, la thermodynamique et la nanotechnologie en vue d'occuper la première place dans le marché mondial des lanceurs.

De nouveaux partenariats des secteurs privés et publics, la recherche de convergences des systèmes nationaux présents dans la communauté et le renouvellement de la coopération avec les États-Unis, la Russie, le Japon et la Chine viennent enrichir ces perspectives. Plus près de leur intérêts géopolitiques immédiats, l'Agence et la communauté annoncent d'ambitieux programmes avec les voisins de la Méditerranée et de l'Europe centrale.

L'exercice d'analyse et de prospective conduit par la Chine et dont elle a rendu les résultats publics en novembre 2000 sous le titre: *China Space Activities*[22] relève d'une même ambition. Trois références éclairent l'analyse prospective chinoise.

Pleine reconnaissance de l'importance du domaine. Les technologies de l'espace qui ont émergé dans les années 1950 ont ouvert une ère nouvelle dans l'exploration de l'Univers par l'homme. Ces technologies ont connu un développement rapide dans le dernier demi-siècle et les activités conduites dans l'espace ont produit de remarquables résultats pour le développement de la productivité sociale et le progrès. Elles exercent une influence fondamentale sur les sociétés modernes et elles constituent dorénavant un levier majeur dans la modernisation des sociétés à l'échelle mondiale.

Affirmation de la place de la Chine dans le domaine spatial. Après l'établissement de la République populaire en 1949, la Chine a développé ses activités autonomes dans le domaine spatial. Elle a réussi à développer et à lancer un premier satellite en 1970. Depuis, elle a accompli des progrès substantiels. Aujourd'hui, la Chine se situe dans le club restreint des pays avancés dans des secteurs majeurs des technologies de l'espace : récupération des satellites, lancement multiple de satellites à partir d'une même fusée porteuse, lancement des satellites géostationnaires, développement du contrôle à distance des satellites et maîtrise des satellites de communication. Bref, la Chine est le troisième pays au monde ayant maîtrisé les technologies de récupération des satellites avec un indice de succès équivalent au meilleur niveau des concurrents ; le cinquième pays capable de développer des satellites de communications[23].

Importance du domaine pour le développement social et économique national. En suivi des progrès accomplis dans le contrôle à distance de la performance des satellites de communication, la Chine a développé de nombreuses applications dans des domaines stratégiques : météorologie, mines, agriculture, foresterie, conservation de l'eau, océanographie, séismologie et planification urbaine…[24]

Dans le domaine des communications, la Chine dispose d'un vaste réseau satellitaire, national et international. Ce réseau a contribué à la modernisation des domaines des télécommunications, de la radio, de la télédiffusion et de l'éducation à distance. Le réseau satellitaire chinois et celui de ses relais terrestres supportent 27 000 réseaux téléphoniques internationaux reliant la Chine à 180 pays, 70 000 réseaux téléphoniques reliant l'ensemble du territoire national, sans compter les réseaux spécialisés au service de ministères et d'institutions nationales.

Dans le domaine de la radio et de la télédiffusion, deux systèmes, l'un mondial, l'autre national, reposent sur un réseau de 33 satellites assurant un vaste service international et la couverture du territoire chinois par la télévision « centrale » et les stations locales.

Dans le domaine de l'éducation, l'utilisation des satellites permet une couverture nationale. Depuis 1988, ce sont plus de 30 millions de personnes qui ont eu accès à un enseignement collégial ou technique et à différentes offres de formation[25].

On peut résumer comme suit les ambitions de Beijing :

- la détermination des domaines prioritaires pour le XXIe siècle avec le développement d'un système d'observation de la Terre couvrant le territoire national, les régions périphériques et l'ensemble de la planète ;

- la mise en place d'un système spatial pour la radio et la télédiffusion assurant une grande fiabilité, une large capacité, une durée allongée et renforçant l'industrie chinoise des télécommunications par satellites ;

- l'établissement d'un système spatial de navigation de positionnement en soutien d'un secteur industriel offrant des services de navigation au plan mondial ;

- le déploiement d'une nouvelle génération de fusées de lancement non toxiques et non polluantes à des prix compétitifs et susceptibles de répondre à la demande internationale ;

- la réalisation de vols spatiaux habités par l'homme.

- la consolidation du système national de réception d'analyse et d'utilisation des données recueillies par satellites dans l'ensemble des domaines stratégiques ;

- la préparation d'une nouvelle génération de scientifiques en vue de l'approfondissement du savoir concernant la microgravité, les composantes de la matière, celle de la vie et de l'environnement.

Bref, la Chine entend développer la commercialisation de ces technologies spatiales et de leurs applications,
unifier ses systèmes satellitaires et leur application
terrestre dans un ensemble opérationnel à l'échelle
nationale et hausser sa performance en vue de réaliser
des vols spatiaux habités. Selon le document intitulé
China Space Activities, Beijing poursuit les objectifs
suivants: occuper une place significative dans le domaine
spatial au plan mondial et contribuer à l'exploration et à
la connaissance du cosmos.

La coopération internationale conduite par les États-
Unis dans le domaine spatial se manifeste notamment
par la plate-forme spatiale internationale[26]. Moins
connue, celle conduite par la Chine constitue un vecteur
significatif de sa présence mondiale au triple plan
politique, technologique et économique.

Sur le plan bilatéral, la Chine conduit des entreprises
conjointes avec la quasi-totalité des pays engagés dans
l'aventure spatiale (États-Unis, Italie, Allemagne, Grande-
Bretagne, France, Japon, Suède, Argentine, Brésil, Russie,
Ukraine et Chili): programmes spatiaux conjoints,
échanges de spécialistes, rencontres de nature scientifique,
développement de satellites, services de lancement...

Sur le plan régional, la Chine poursuit une vigou-
reuse politique visant le développement des technologies
spatiales et leur application dans la région Asie-
Pacifique. Différentes initiatives et activités ont découlé
de cette politique.

En 1994, la Chine accueille et préside la première
conférence ministérielle dédiée aux applications des
technologies spatiales pour le développement en Asie-
Pacifique.

En 1998, la Chine signe avec l'Iran, la République de
Corée, la Mongolie, le Pakistan et la Thaïlande le
*Memorandum of Understandings on Cooperation in
Multimission Satellite and Related Activities*.

En 1999, en collaboration avec les Nations Unies, Beijing accueille le premier symposium asiatique consacré aux applications des technologies spatiales pour le développement de l'agriculture.

En octobre 2001, la Chine annonce la mise en construction du *Small Multimission Space Craft* développé conjointement avec la Corée, le Pakistan, le Bangladesh, l'Iran, la Mongolie et la Thaïlande[27].

Mis à part quelques références générales, le document stratégique consacré aux activités spatiales de la Chine publié en novembre 2000 exclut la dimension militaire de ces projections et de ces programmations. D'autres sources démontrent leur incidence concernant la modernisation de l'armée nationale, les moyens nouveaux que lui fournissent les réseaux de télécommunication, leurs composantes spatiale et terrestre, la puissance, le contrôle et la précision de ses nouvelles générations de missiles[28]. Ces maîtrises ont et auront d'important effets sur les structures de sécurité dans la région de l'Asie-Pacifique.

La compétition spatiale est aussi économique et commerciale. Selon la société Futron, l'une des plus renommées dans l'analyse des dimensions économiques et financières de l'exploration spatiale, la valeur du marché spatial pour l'année 1997, excluant la Chine, atteint 75,2 milliards de dollars et pourrait atteindre 178 milliards en 2004[29].

Pour l'année 1997, ce marché se divisait comme suit : 48 % pour les télécommunications, 12 % pour le transport spatial, 9 % pour la sécurité, 6 % pour l'observation de la Terre, 5 % pour le développement des sciences de l'espace, 4 % pour la défense, une somme équivalente pour la construction de la plate-forme spatiale internationale et un pourcentage moindre pour la météorologie et la navigation.

Recomposée en fonction du partage entre le secteur public (38 milliards de dollars) et le secteur privé

(37,2 milliards de dollars), la nomenclature se transforme radicalement. On observe un fractionnement de la dépense publique. Seuls 3 domaines sur 11, le transport spatial, la sécurité et les besoins civils, débordent 15 % de la dépense totale. Pour le secteur privé, la nomenclature est moins complexe. Le secteur des télécommunications compte pour 90 %, celui du transport spatial pour 7 % et l'observation de la Terre pour 3 %.

Les États-Unis occupent la toute première place des revenus manufacturiers découlant de l'activité spatiale (45 %). Il en va de même pour les revenus d'abonnements (45 %) et ceux des locations (36 %).

Des 783 satellites – et ce nombre pourrait atteindre 1540 en 2006 selon les projections maximales, 1202 selon les projections minimales – encerclant la Terre, 61 % servent à la communication, 11 % à la sécurité et une proportion équivalente à la science, 10 % à la navigation, 6 % à la météorologie et 1 % à diverses fins.

Pour l'année 1997, les États-Unis occupaient le premier rang sur le marché des lancements des satellites (43 %), suivis par la Russie (33 %), l'Europe (9 %), la Chine (7 %), le Japon (2 %), l'Inde et le Brésil (1 %). Ces pourcentages indiquent une baisse appréciable pour l'Europe, une croissance modeste mais continue pour la Chine, une position significative pour la Russie et prépondérante pour les États-Unis. On note de plus une croissance continue des satellites à vocation commerciale. Ils représentaient 13 % des lancements en 1993, 53 % en 1998.

Les revenus commerciaux découlant de l'exploration et de l'exploitation de l'espace se verront multipliés par 4 d'ici 2007 pour atteindre, à cette date, les 200 milliards de dollars. Les secteurs de la construction et des services aux satellites bénéficient de cette croissance. Ils récoltent près de 40 % de l'ensemble des revenus.

La prépondérance des États-Unis n'est pas sans contrepoids. Les succès de l'Agence européenne de l'espace, les acquis de la Fédération de Russie, les ambitions chinoises, les progrès du Japon, les expériences conduites par l'Inde, le Brésil et Israël entre autres ont une incidence grandissante sur le marché mondial. De nouvelles conditions de concurrence se déploient. Choix des opérateurs, disparité dans les coûts de lancement, d'entretien et de récupération, offres de services et programmes de coopération : le marché spatial est désormais concurrentiel.

Pour un temps qui s'achève, les États-Unis ont conduit de difficiles négociations visant à limiter le nombre de satellites que ses concurrents peuvent placer en orbite, à arrêter des fourchettes de prix et à réguler le commerce et les transferts technologiques. Washington s'oppose notamment à toute transaction dans ces domaines avec les États dits « délinquants », tels l'Irak, l'Iran et la Corée du Nord. Comme le prouve le dernier accord Chine-États-Unis pour la période 1994-2000, la capacité américaine de maîtriser l'évolution d'un marché en expansion s'atténue[30].

Pendant la première phase de l'épopée spatiale, les pouvoirs publics ont dominé le domaine et consacré d'abondantes ressources publiques à son financement. On l'a vu aux États-Unis, dans l'ancienne Union soviétique, en Europe de l'Ouest, en Chine, en Inde, au Japon, au Brésil… Cette époque touche à sa fin. Dès 1995, John Gibbons affirmait que « *le secteur privé peut désormais accomplir un grand nombre de tâches auparavant prises en charge par l'État*[31] ». Dans son Livre blanc, la Chine a reconnu l'importance du secteur privé et réaménagé ses institutions spatiales afin de distinguer les responsabilités publiques et celles qui, désormais, sont susceptibles de relever de l'initiative privée.

Des satellites de communication aux lancements dans l'espace, de la production et de la vente d'images à la construction de nouvelles générations de véhicules spatiaux, de l'équipement de laboratoires spatiaux à l'exploitation à venir des astéroïdes et de l'énergie scolaire : de vastes domaines s'ouvrent à l'initiative privée, aux montages financiers des grands groupes industriels, à la compétition voire à la publicité internationale. Bref, l'espace, enjeu politique majeur, s'avère dorénavant un enjeu commercial et économique de premier plan.

Pour la première fois en 1996, les revenus du secteur privé tirés du secteur spatial ont excédé ceux des gouvernements et de leurs agences spécialisées. Cet écart s'est agrandi depuis en faveur du secteur privé. En 1999, les entreprises spatiales américaines exportaient pour 30,7 milliards de dollars sur le marché mondial. Elles ont, depuis, acquis une part des capacités russes de lancement par la mise sur pied de l'américano-russe ILS exploitant le lanceur Proton.

Estimé à 2000, le nombre de satellites qu'on se propose de lancer entre 2000 et 2010 ramène à 5 ans le délai de remplacement de ces derniers. Ce vaste marché déborde la seule conception de satellites plus légers et plus performants, la compétition pour leur lancement et leur entretien. Il débouche aussi sur la location d'espace pour la recherche scientifique, la mise en marché des données recueillies, le contrôle éventuel de l'accès aux ressources disponibles dans l'espace.

Ces perspectives ont des effets géopolitiques et géoéconomiques majeurs. À titre d'exemples, on peut citer les développements suivants : la fusion des activités dans le domaine spatial des groupes British Aerospace de Grande-Bretagne, Aérospatial de France et de l'Italienne Finmeccanica, résultant dans la première entreprise aérospatiale européenne. Cette dernière occupe le second rang mondial derrière l'Américaine Raythéon. On pense aussi aux décisions arrêtées par les autorités russes de privatiser en partie leur capacité de lancement au profit des consortiums américano-russe ILS et franco-russe

Star Sem, qui exploitent respectivement les lanceurs Proton et Soyouz.

La déclassification par Washington des images de haute résolution jusque-là réservées à l'usage militaire a ouvert le marché mondial des images satellites à la concurrence privée internationale. De nouvelles sociétés américaines, Earthwatch, Space Imaging, Orbimage et Astrovision se placent désormais en forte concurrence avec la Française Spotimage. Des sociétés russes, indiennes, chinoises, israéliennes cherchent aussi à s'imposer sur ce marché et à bénéficier des domaines ouverts par la commercialisation de l'espace.

Certes, les États gardent la maîtrise des secteurs stratégiques et notamment militaires de l'espace, comme l'ont montré les guerres en Irak, au Kosovo et en Afghanistan. Cette maîtrise représente dorénavant le double opérationnel des activités militaires terrestres. Les satellites de reconnaissance optique, les systèmes d'observation spatiale de sécurité, les satellites assurant la précision des frappes constituent les instruments indispensables des guerres nouvelles.

Les États-Unis disposent dans ce domaine d'une prépondérance indiscutable. Ils contrôlent notamment le seul système mondial de positionnement (GPS), dirigé par un consortium d'agences gouvernementales nationales, elles-mêmes contrôlées par le département de la Défense. La marginalisation des capacités des concurrents, notamment de l'Europe et de la Chine dans ce domaine, assure et assurera le maintien de la prépondérance américaine longtemps au cours du XXIe siècle.

Le GPS mesure le temps, la localisation et la vitesse avec une absolue fiabilité. Il préside, en conséquence, à d'innombrables fonctions : du contrôle de la circulation urbaine à la direction des navires en mer, de la maîtrise des flottes des transporteurs à la navigation aérienne, des mouvements boursiers au lancement de satellites. À ces fonctions terrestres du GPS, on pourra ajouter des fonctions dans l'espace dans un avenir prochain. On pense notamment au contrôle des véhicules spatiaux et au maintien de ces derniers dans leur orbite et à la sécurité de leur circulation[32].

Nul ne conteste ce système, tant sa place est au cœur de l'organisation de l'économie locale, nationale et mondiale. Cependant, la dépendance commune face à la technologie américaine, le contrôle du système par le département de la Défense des États-Unis et le risque d'une interruption stratégique ou autre, rendu encore plus critique par les événements du 11 septembre 2001, inquiètent davantage. En cascade, au tournant du siècle, la Chine, la Russie et l'Europe ont annoncé leur intention de se doter de leur propre système mondial de positionnement. Mais le passage à l'acte sera long, coûteux et incertain. La Chine a formellement annoncé ses intentions de se doter d'un tel système lors du lancement en 2000 de deux satellites, les fameux satellites *Beidou*. La Russie, pour sa part, se propose de lancer trois satellites en vue de ressusciter son système de positionnement. Alors que l'Europe œuvre à la mise en place de son propre système pour 2008, au coût de 316 milliards de dollars, le réseau Galileo intéresse un grand nombre de pays dont la Chine, qui a souhaité s'associer au projet européen.

Curieux paradoxe, l'un des socles de la globalisation donne lieu à un formidable bras de fer au nom des souverainetés. Dans tous les cas de figure, le résultat escompté viendra conforter la globalisation soit en confirmant la prépondérance américaine, soit en démultipliant les pièces centrales de l'arsenal spatial et technologique qui la fonde.

CHAPITRE IV

LES SCIENCES DE LA VIE

«L'acheminement de la première version
du génome équivaut à pénétrer le langage
utilisé par Dieu pour créer la vie.»

Bill Clinton

L a célèbre conférence *What is life?*, prononcée à Dublin
en septembre 1943 par le physicien d'origine autri-
chienne Erwin Schrödinger, marque la naissance de la
biologie moléculaire. Publié l'année suivante, *What is life?*
s'est avéré et s'avère depuis l'un des ouvrages les plus fondamentaux dans l'histoire de la science contemporaine[1].

En moins d'un demi-siècle, on a pu approfondir et
confirmer les idées centrales de Schrödinger. L'hérédité
comme legs d'information, le gène comme réceptacle
d'un scénario codé, le système vivant comme somme
d'un jeu d'échanges aboutissant à un état d'équilibre. À
la compréhension classique du vivant s'est substituée une
capacité inédite, physique et chimique de l'expliquer et
de l'infléchir.

Ces gigantesques changements de nature bouleversent les conceptions biologiques classiques et aussi
notre conception du vivant. Ils révolutionnent les
sciences de la vie et constituent l'un des moteurs majeurs
de la géopolitique à l'œuvre dans le monde.

Les technologies de l'information sont au cœur de ces changements. Dans la longue durée, ces mutations ont bénéficié des instruments nombreux et performants tels les radiographies, les réflexions et les interférences qu'elles permettent d'observer et de mesurer. Toutefois, comme nous le verrons plus avant, la puissance des technologies de l'information appliquée aux objets premiers de la biologie moléculaire a permis de faire des progrès. On pense au décryptage du génome humain et à l'utilisation de l'informatique pour mesurer l'effet produit par la modification génomique (d'un ou de plusieurs gènes). Selon Jeremy Rifkin, « *l'alliance des ordinateurs et de la génétique constitue l'un des mariages les plus féconds de notre époque, susceptible de bouleverser le monde de façon plus radicale que toutes les autres révolutions technologiques de l'histoire*[2] ».

Si dans un premier temps, les rapports de complémentarité entre biologistes et informaticiens se sont posés comme essentiels, c'est le concept d'osmose qu'on évoque aujourd'hui entre les deux domaines, le même chercheur devant désormais les maîtriser également. Selon le président de l'International Society of Computational Biology, Larry Hunter, la rigueur numérique (informatique) est devenue le complément constitutif de la rigueur scientifique (biologique)[3]. En ce sens, la biologie a gagné le titre, elle aussi, de science de l'information, de composante majeure de la société de l'information.

Le livre de la vie

Sur le plan de la signification, le bouleversement des conceptions finalistes du vivant consécutif à l'émergence de la biologie moléculaire occupe et occupera une place prépondérante dans l'activité humaine dans les temps qui viennent. Bien sûr, ces bouleversements s'inscrivent dans la continuité de l'interrogation des hommes sur le « mystère de la vie », son origine, ses composantes essentielles et sa finalité longtemps perçue dans un ordonnancement « évident et mystérieux ». Ils marquent cependant une rupture qualitative en posant comme uniques les systèmes du vivant et les systèmes physiques.

Dans une formule saisissante, Albert Jacquard a résumé le savoir nouveau comme suit :

> *La différence entre les inanimés et les vivants résulte du niveau de leur complexité, donc des pouvoirs que cette complexité leur apporte. Il n'y a pas de frontière entre ces deux catégories, simplement une continuité vers toujours plus de complexité[4].*

Bref, à l'explication catégorielle des objets et des êtres du monde, qui a dominé jusqu'au milieu du XXe siècle, se substitue une connaissance des règles communes, physiques et chimiques des événements se produisant dans l'ensemble désormais indifférencié, sinon par leur degré de complexité, des existants dans l'Univers.

Axel Kahn a rappelé « la longue histoire » de ce qui advient dans notre temps :

> *Six mille ans avant Jésus-Christ, l'homme inventait les biotechnologies, à proprement parler : pour la première fois, en Égypte, il faisait fermenter la bière. Il y a sept mille ans environ, il crée un « monstre » végétal, le blé, à partir du mélange des trois génomes de sous-espèces différentes. Plus près de nous, Louis Pasteur, à la fin du siècle dernier, brevetait lui aussi de très nombreux procédés de fermentation[5].*

Certes, il ne faut pas oublier les travaux des Charles Darwin, Gregor Mendel et Robert Koch, mais les développements les plus décisifs se sont produits dans la première moitié du XXe siècle. Elles transformeront radicalement les fondements et les finalités de la recherche en biologie. On pense notamment aux travaux de l'école de Göhinger. Sous l'autorité du physicien Niels Bohr et avec la coopération d'un grand nombre de savants dont Max Delbrück, ces derniers élaborèrent la théorie quantique en effectuant une synthèse inédite entre le modèle universel de Rutherford et la théorie de quantum d'action de Planck et poussèrent loin l'analyse des composantes moléculaires de l'hérédité. On pense aussi aux travaux de la Sommerfeld's School, conduits par le physicien Linus Pauling, sur la nature des protéines conçues comme le moteur exécutif des cellules vivantes ; à ceux du laboratoire Cavendish de Cambridge sous l'autorité de Max Perutz et de John Kendrew qui établirent le plan détaillé d'une entité biomoléculaire. Enfin utilisant les effets de réflexion des rayons X, les physiciens Francis Crick et James Watson découvrent en 1953 la structure duale de l'ADN. « *What is life?* » demandait Schrödinger en 1944.

Ces travaux multiples ont fourni la réponse. Ils ont donné forme et puissance à la biologie moléculaire et à son complément opérationnel, le génie génétique. Alors pouvait émerger des laboratoires et des grandes écoles ce qui constitue, au jugement de Jeremy Rifkin, « *l'expérience la plus radicale jamais pratiquée par l'homme sur son environnement naturel[6]* ».

Voici en résumé les composantes essentielles de cette « expérience radicale ».

– D'une classification des espèces dans l'Univers, nous accédons à l'affirmation et à la compréhension de l'unité des composantes et des règles communes des existants dans l'Univers. À la discontinuité des espèces, ce dogme millénaire, se substituent leur continuité et le constat de leur complexité singulière à l'échelle universelle.

– De l'étanchéité des espèces, ces frontières qui les situaient dans un cadastre les différenciant et les excluant les unes des autres, nous accédons à une affirmation et à une compréhension de leur réceptivité réciproque[7]. Du végétal vers l'animal, de l'animal vers l'homme, on dispose dorénavant d'un vaste ensemble de recombinaisons des gènes de ces espèces et on l'exploite. À la conception dominante depuis les origines d'espèces fermées sur elles-mêmes se substituent la continuité et la compatibilité de leurs composantes, le constat aussi de la transférabilité de ces dernières. Bref, la cause profonde qui fit se scinder les espèces est désormais « maîtrisée et dépassée ».

– De l'irréductibilité du passage « des témoins biologiques » entre les générations, nous accédons à une puissance inédite. L'intervention sur les composantes de ces témoins, leur altération ou leur enrichissement par soustraction, addition ou substitution génétique font à présent partie des possibilités. Le pouvoir « *de transférer n'importe quel gène de n'importe quelle cellule vivante dans une autre cellule vivante*[8] » vient remplacer la conception « naturelle » de la continuité héréditaire, le mode immémorial d'assurer la reproduction. Certes, le constat de modifications génétiques naturelles est ancien. Mais le pouvoir d'interrompre les lois de l'évolution rompt radicalement avec les processus naturels à l'œuvre dans l'Univers depuis les origines. Il n'est plus possible d'affirmer que « *le présent ne contient rien de plus que le passé*[9] ». Le pouvoir d'interrompre les lois de l'évolution situe l'ingénierie génétique au cœur de la vie, s'il est vrai que l'être vivant est surtout un lieu de passage, l'essentiel de la vie tenant dans le mouvement qui la transmet.

– De l'architecture d'un monde reçu et d'espèces issues d'adaptations naturelles dans la longue durée, nous accédons à un état nouveau dans l'histoire de l'Univers et de l'humanité. En effet, nous pouvons désormais «agencer» de nouvelles formes de vie; reconfigurer celles qui sont données; recomposer, en les combinant selon des plans préétablis, les missions et fonctions des espèces contenues jusqu'à nous dans des paramètres infranchissables. Bref, nous pouvons infléchir l'architecture du monde reçu et celle des espèces issues des adaptations naturelles. Ce pouvoir d'inflexion peut s'appliquer à toutes les espèces, y compris l'espèce humaine.

À l'adaptation naturelle des espèces depuis les origines se substitue la possibilité de leur modification par l'intervention humaine. La prévisibilité ne consiste plus et ne consistera plus jamais à projeter dans l'avenir ce qu'on a perçu dans le passé.

– De la définition spécifique de l'espèce humaine prévalant dans l'histoire, nous accédons à une compréhension des «secrets» de toute vie organique, y compris la vie humaine. Tous les systèmes organiques sont désormais tributaires de mêmes savoirs, physiques et chimiques; en outre, ils sont tributaires de mêmes positionnements s'agissant des tensions et pulsions essentielles que sont la reproduction, la mutation et les acquis du métabolisme. Ces tensions et pulsions obéissent ou suivent les exigences d'une programmation contenue et déployée dans et par un centre d'informations vitales.

Certes, cette compréhension des «secrets» de toute vie organique n'épuise pas les interrogations millénaires de l'homme concernant la vie, ses composantes et ses finalités. Elle les renouvelle cependant avec une exigence et une précision redoutable. On pense notamment aux interrogations suivantes:

- Au-delà de la dynamique propre des gènes, quelles sont les missions et fonctions de leurs composantes chimiques?
- Quelle est l'origine des programmes génétiques présents dans tous les organismes vivants?
- Comment s'explique la coordination de ces organismes dans l'espace et dans le temps?

Ces interrogations trouvent réponses dans les acquis des sciences regroupées par la biologie moléculaire. En effet, la détermination des codes génétiques, la compréhension des réactions et des messagers chimiques au fondement des activités intracellulaires et extracellulaires, pour ne citer que ces fondamentaux, nous permettent de saisir les principaux mécanismes du fonctionnement du vivant.

Toutefois, il en va tout autrement de l'interrogation qui régit toutes les autres. Quelle est, dans ce contexte sans précédent, la définition de la nature humaine et des activités vitales qu'elle déploie, de l'action à la précision, de la prévision à la mémoire et à la conscience?

Même ces mystères ont commencé à livrer leurs secrets. En effet, la scintigraphie et la tomographie permettent d'accéder aux fonctions organiques les plus essentielles par l'introduction dans l'organisme d'une molécule marquée à l'aide d'un isotope radioactif phosphorescent. Dans l'ouvrage *Voyages au centre de l'atome*, on peut lire ce qui suit:

> *Les chercheurs peuvent accéder en temps réel à des fonc-*
> *tions cérébrales comme le langage, la perception ou la*
> *mémoire, et comprendre comment les souvenirs se*
> *forment dans le cerveau, comment nous les recherchons,*
> *comment nous identifions un visage ou un mot, com-*
> *ment enfin nous perdons un peu de ces facultés avec*
> *l'âge*[10].

Ces distinctions inédites et ces pouvoirs nouveaux dégagés par la biologie moléculaire ont un même substrat : le passage de l'organisme en tant qu'ensemble aux gènes comme fondement. Comme le note Rifkin, l'unité de référence et de travail n'est plus l'organisme, mais le gène. On peut désormais isoler le gène, le fragmenter ou le synthétiser à partir de ses composantes chimiques.

On peut le multiplier pour analyse. On peut le transférer dans l'ensemble des zones du vivant et le suivre dans l'organisme récepteur grâce au marquage radioactif et aux appareils d'imagerie médicale[11]. En conséquence, la notion d'espèce comme entité séparée et unique est « anachronique ». Les supports communs de tous les organismes dominent maintenant la conception et la compréhension des « objets dits vivants ». L'information génétique contenue dans les particules élémentaires en explique les fonctionnements harmonieux ou problématiques.

Ce passage vertigineux s'est accompli en moins d'un demi-siècle. S'inspirant et complétant les travaux de ses collègues, Schrödinger définit en 1944 les gènes comme des systèmes d'information inscrits dans leur structure même. Dix années plus tard (1953), Watson et Crick, utilisant la diffraction des rayons X, découvrent l'architecture duale de la molécule d'ADN. Une décennie plus tard (1968), les chimistes suédois Casperson et Zech identifient une série de chromosomes grâce à des correspondances chimiques, véritable système de marquage de l'ADN[12].

La conjugaison d'efforts continus, d'investissements financiers considérables et d'inventions technologiques audacieuses permettra, en juin 2000, d'annoncer l'achèvement de la première version du génome humain.

Voici désormais numérisé l'édifice structurel de la vie, après quatre milliards d'années d'évolution des espèces vivantes, présent dans chacune des cellules de chaque existant sur notre planète.

Outre l'espace quasi infini ouvert à l'initiative humaine par la version du génome désormais disponible, de nombreuses considérations d'ensemble se dégagent de l'annonce faite à Washington.

– Le nouveau rapport d'extrême continuité et fécondité liant science de l'information et science de la vie. David Baltimore, prix Nobel de médecine, résume comme suit ce nouveau positionnement : « La biologie moderne est d'abord science de l'information. » Ce fait explique la composition des équipes où se côtoient médecins, biologistes, biotechnologues, chimistes, technochimistes, mathématiciens, informaticiens et roboticiens. Deux groupes rivaux américains, l'un privé, Celera Genomics, présidé par Craig Venter et comptant 42 scientifiques, et The National Human Genome Research Project, présidé par Francis Collins et réunissant 1100 scientifiques, ont mis de côté leur rivalité pour effectuer l'annonce conjointe de leur découverte. Certes, le groupe public se présente comme un consortium international, mais sa composition est américaine à 65 %, britannique à 30 % et autre à 5 % (française, japonaise et chinoise). Pour l'ensemble des deux projets, outre la direction et la production des technologies requises, la présence américaine représente 82 % des équipes scientifiques.

– La célérité des travaux scientifiques constitue le
second enseignement d'ensemble de l'annonce
faite en juin 2000. Certes, Francis Crick et James
Watson ont décrit en termes généraux la structure
du génome en 1953. Il reste que cette découverte a
reçu un accueil empreint de scepticisme dans la
communauté des biologistes. Il faudra attendre
plus de 30 années marquées par la controverse, le
sarcasme et l'opposition avant que le secrétariat à
l'Énergie des États-Unis s'empare d'une première
proposition de séquençage formulée par les scientifiques des universités Harvard et de la Californie
et lui donne ses premières suites. En 1988, le Congrès américain apporte son appui au programme
du séquençage du génome proposé par The
National Institutes of Health. La même année, on
a fait l'annonce du projet privé conduit par Celera
Genomics. Bref, il aura fallu moins de 50 ans pour
donner son plein aboutissement à la découverte de
Watson et de Crick.

– La place centrale occupée par la puissance
publique constitue un autre enseignement de ce
que certains ont qualifié «d'événement scientifique le plus important du siècle». Comme nous
l'avons noté précédemment, ce sont le secrétariat à
l'Énergie des États-Unis suivi du puissant National
Institute of Health qui, les premiers, ont cru à
l'opération du séquençage du génome. Ces institutions publiques l'ont lancée, la première pour
vérifier s'il était possible de protéger le génome des
radiations nucléaires, la seconde pour planifier
d'éventuelles thérapies génétiques. Certes, le
consortium international financé par des fonds
publics a subi la féroce compétition du secteur
privé. Malgré tout, à l'arrivée, l'un et l'autre

bénéficient d'une histoire qui les a opposés, stimulés et finalement rapprochés.

– L'étendue de l'espace et du savoir déverrouillée par le séquençage du génome humain est difficile à imaginer. Son intelligibilité se dévoilera peu à peu. C'est notamment une nouvelle pratique de la médecine et une réorientation fondamentale de la pharmacologie qui s'imposeront et feront apparaître « comme barbares » certaines des pratiques thérapeutiques actuelles. On pense notamment au traitement par radiation et au tout chimique dominant.

C'est le langage sur la vie organique, l'unité entre les règnes végétal et animal qui se voient confirmer dans la mesure où le tout génomique est moins développé ici, plus complet là, mais identique pour le vivant. Pour paraphraser le philosophe Henri Bergson : le tout vivant est de même nature que le moi vivant et chaque individualité – plante, bête et homme – rassemble en elle-même une partie d'une même nature, d'une même universalité. La différence est dans la proportion. David Baltimore rappelle l'essentiel : ce sont les sources chimiques des mutations des corps, les séquences héréditaires des positionnements et des actes apparemment les plus naturels et les plus autonomes qui devront être expliquées à nouveau à partir de la connaissance des origines des instructions les plus intimes. Ces dernières créent les régularités les plus mécaniques et les dérèglements les plus persistants. Pour l'espèce humaine, l'approfondissement de la connaissance du génome pose la question du libre arbitre, et celle de la conscience.

Quel est donc ce savoir sur « les poussées intérieures » rendu public sur le parvis de la Maison-Blanche et susceptible d'expliquer les formes de la vie, toutes les formes de la vie ? Que savons-nous aujourd'hui que nous ne savions pas hier ?

Le séquençage du génome humain constitue une description de la forme achevée de l'ensemble des composantes de la vie organique. Ce qui reste à voir sera l'œuvre de plusieurs générations qui transformeront la photo actuelle en radiographie, dégageront les contenus vivants de cette forme statique enfin connue qu'est le génome.

L'étape suivante marquera une plongée dans la réalité la plus complexe de l'Univers, un organisme vivant. Il s'agira de comprendre chaque gène, ses fonctions et son fonctionnement, son positionnement dans l'ensemble, la matière, la structure et le rôle des protéines produites au sein de chacun et qui constituent le substrat de la vie. En effet, les protéines représentent l'objet premier de la biologie moderne et leur composition sera ardue à pénétrer, plus ardue vraisemblablement que le génome lui-même.

La troisième étape consistera à déterminer et à comprendre les interrelations entre les gènes, les voies de sorties et d'entrées permettant une incessante circulation entre des millions d'unités au sein des cellules et entre ces dernières au sein de l'organisme. Il s'agira de déceler et d'analyser les sources énergétiques qui déclenchent des instructions biologiques dont le nombre apparaît quasi infini. Herculéenne, cette tâche a vocation de s'approcher de la totalité et de décrypter l'intention unificatrice d'une pluralité d'élans énergétiques immatériels en leurs composantes matérielles constitutives.

Enfin, de la contemplation de la totalité, il nous faudra revenir aux individualités. En effet, si la composition des organismes vivants est identique, chaque organisme comporte des variantes génétiques qui le singularisent. La combinaison « unité » et « pluralité » définit la condition commune de chaque quantité vivante.

De ce qui précède se dégage une idée de l'espace presque infini ouvert à l'initiative humaine par la complexité du génome humain. Cette idée sera éclairée progressivement par l'approfondissement qu'on en fera et les applications qui en découleront. Peut-être n'arriverons-nous jamais à tout dire à son sujet, cet espace s'avérant illimité comme l'Univers. Ce qui domine aujourd'hui, c'est le sentiment d'un commencement, de sa beauté et de son mystère.

Les travaux conduits par Toga, Thompson et Holmer dans leur laboratoire d'images des systèmes de l'Université de Californie illustrent cette part commune que nous partageons et ces variations qui font de chaque être vivant une entité singulière.

Cet ensemble de tâches appelle une production technologique de très haut niveau, de même que l'humble recommencement de générations de chercheurs occupés à disséquer l'infiniment petit, à dépister les sources énergétiques les plus minimes, à déterminer les milliards de connexions en ne perdant jamais de vue la perspective d'ensemble du colossal chantier ouvert par l'exploration du génome humain.

Dans ce domaine, comme pour l'espace, les prochaines étapes sont tributaires de méthodologies et d'instrumentalités nouvelles dans la numérisation des données génomiques.

Le caractère universel des acquis scientifiques évoqués concerne toute l'humanité. En effet, la compréhension des règles communes, physiques et chimiques des événements se produisant dans l'ensemble désormais indifférencié, sinon par leur degré de complexité, des existants dans l'Univers interpellent tous les systèmes d'explication des espèces, de la planète et de l'Univers.

Comme nous l'avons noté, s'agissant de l'espace, la dissémination universelle immédiate des acquis, leur intégration dans les hypothèses, les interventions et les travaux d'équipes partout dans le monde pour dégager les puissances inédites découlant de la biologie moléculaire manifestent le caractère universel de ce qui advient. On s'intéresse également à leurs effets sur les êtres humains, les animaux et les plantes, bref sur le système naturel et l'environnement tels qu'ils se sont développés et transformés dans la très longue durée[13].

Des sciences en expansion

De grande envergure, l'effet d'entraînement de la maîtrise des composantes les plus infimes des existants dans l'univers marque un enrichissement majeur du patrimoine scientifique de l'humanité, mais une rupture également[14]. Des capacités d'intervention sur ces existants élaborées à travers les siècles, nous accédons au pouvoir nouveau de les transformer à partir de leur composantes essentielles. Telle est la conséquence durable de l'extraordinaire histoire contemporaine de la biologie moléculaire.

Nous expérimentons déjà à l'échelle de la planète la toute première phase de la prodigieuse fécondité des grands bouleversements génétiques à venir. D'un intérêt manifeste pour l'humanité, ces mutations constituent l'un des contenus majeurs de la globalisation. Certes, elles sont loin d'avoir produit leurs pleins effets. Le cycle sera long et complexe. Pourtant, elles marquent déjà l'intervention humaine dans un grand nombre d'organismes et dans de très nombreux secteurs de la production industrielle.

Les technologies de l'information ont rendu possible cette maîtrise et en ont bénéficié à leur tour. Malgré les spécificités des gènes, on pense notamment à leur composition en quatre bases – adénine, cytosine, guanine et thymine, désignées par leurs initiales, A, C, G et T. Le fait que ces bases soient des dépôts d'information encodés d'une manière semblable à celles que les informaticiens ont adoptées pour la collecte, le stockage et la transmission d'autres données a rendu possible leur transcription digitale[15].

Dès 1998, la société Celera, dirigée par Craig Venter, s'est associée au géant de l'électronique appliquée à la chimie et à l'alimentation, la société Perkin-Elmer, pour la mise au point des premiers séquenceurs automatiques de l'ADN. Baptisé 3700, ce puissant conglomérat informatique s'est avéré déterminant dans l'entreprise de décryptage du génome[16]. Effectuée fragment par fragment, l'entreprise devait déterminer l'ordre de 3 milliards de nucléotides du patrimoine héréditaire et identifier les gènes eux-mêmes dans cette abondance. Dans un second temps, les données ainsi recensées furent rassemblées et les fragments restitués dans l'ensemble du génome.

Ces progrès technoscientifiques produisent un nombre de données si considérable – on a estimé que ce nombre double tous les 14 mois dans la fameuse banque de gènes (The International Repository of Genetic Sequence) – que chaque nouvelle séquence de gènes fait doubler les bases de données tous les 6 mois. En conséquence, il a fallu combler le fossé entre les besoins de traitement informatique des données recueillies et les ressources technologiques disponibles. On pense ici notamment aux analyses comparées du génome et des gènes, à l'analyse de leur composition et de leur relation ; à celles aussi des anomalies génétiques et aux impératifs de vérifications continues. À partir du modèle utilisé par les sciences physiques, le concept du « calcul distribué » à des chaînes d'ordinateurs, de grilles mettant en commun les moyens de traitement et de stockage des données, utilisé en Europe s'est imposé aux États-Unis. De même, on a retenu un mode de partage des tâches notamment pour l'installation à Genève du Large Hadron Collider qui, complété en 2005, sera le plus puissant accélérateur de particules au monde.

Les données nouvelles que fournissent ces gigamachines se chiffreront en petaoctets, soit des millions de milliards d'octets. Leur traitement exigera la puissance cumulée de calcul de 100 000 ordinateurs personnels et leur stockage nécessiterait, s'il était centralisé, une montagne de cédéroms de la hauteur de 40 tours Eiffel[17]. On comprend la nécessité de répartir le stockage, l'exploitation et l'internationalisation d'une tâche aussi gigantesque. Ce qui est en cause, c'est la puissance de calcul et de transmission. Les besoins, outre le haut débit entre les partenaires, s'expriment aussi en terme de nouveaux logiciels, protocoles, systèmes d'analyse et de sécurité.

Dans cette architecture nouvelle, les besoins de systèmes succèdent normalement aux tâches d'identification. D'où la naissance de la biologie systémique dédiée à l'analyse et à la compréhension des interrelations entre les gènes et les protéines et les besoins de nouveaux systèmes et modèles informatiques pouvant accomplir ces analyses. Fondé en avril 2001, l'Institut de biologie systémique sous la direction de Leroy Hoodd conjugue les expériences et les travaux des immunologistes, des spécialistes des protéines, de biophysiciens, de statisticiens et d'astrotechniciens[18].

Il y a ensuite lieu de se pencher sur les champs d'approfondissement. Ces champs sont multiples. Du génome, haut lieu d'identité, il faut passer à d'autres niveaux de complexité, celui du protéome humain, lieu mouvant et multiple des protéines de structures et d'enzymes encodés dans chaque gène[19].

Au lendemain de l'annonce de l'achèvement de la première version du génome, Craig Venter, président de la société Celera Genomics annonce la mise sur pied du

Proteonics Research Center, au Massachusetts. Ce centre poursuit les objectifs suivants: développer les technologies requises pour reconnaître et analyser les millions de protéines encodées dans chaque gène et leur interrelations; produire à terme les séquences des unités d'acide aminé qui composent les séries de protéines, comprendre leur façon de travailler et maîtriser leur logique[20].

«Prospection logique», note John Cohen. Les protéines sont les actrices majeures dans l'ensemble des fonctions d'un organisme vivant. L'entreprise est complexe. Si les gènes se composent de quatre bases, les protéines comptent 20 acides aminés à composition variable. De plus, les technologies utilisées pour le décryptage du génome ne conviennent pas à l'étude du protéome. De toute évidence, l'entreprise sera longue et complexe[21].

Depuis 2001, la Human Proteone Organisation cherche à fédérer l'ensemble des travaux en cours. Du protéome, l'étude passera ensuite au glycome, cette configuration des sucres et des hydrates de carbone présente dans tous les organismes. Multiples, les fonctions du glycome imprègnent ce dernier: du développement embryonnaire à la régulation du système immunitaire.

Déjà, avec les quatre bases de chaque gène et les 20 acides aminés à composition variable de chaque protéine, c'est plus de 30 constituants, eux aussi à composition variable, qui structurent les sucres et les hydrates de carbone. C'est dire l'extrême complexité de ces molécules agglomérées aux protéines dont elles affectent le comportement. Il faudra, pour comprendre les protéines, faire appel à de puissants moyens de calcul et de synthèse[22].

Aux fins de comparaison et de regroupement des protéines, l'Association française contre les myopathies et la société IBM ont arrêté le projet Decrypthon et mis à son service les capacités de calcul de 55 000 ordinateurs connectés à Internet[23]. La glycobiologie devrait conduire à la maîtrise des composantes des protéines et de leur interrelation et aux conduites de ces dernières.

Un bref rappel de l'œuvre de E. O. Wilson, sans doute l'un des plus influents naturalistes du XXe siècle, permet d'évoquer la sociobiologie, ce nouveau champ scientifique qu'il a ouvert et développé avec une égale exigence scientifique et capacité d'évocation[24].

Cette œuvre est d'une extrême importance pour quiconque cherche à saisir les effets sur le système naturel d'un horizon biologique créé par l'homme. À des années-lumière des spéculations superficielles découlant de l'expérience la plus radicale jamais pratiquée par l'homme sur son environnement naturel, le conservateur du Musée des sciences naturelles de New York apporte des réponses majeures, scientifiques et éthiques, à l'une des questions centrales de notre temps : comment pouvons-nous, tout en reconnaissant les fortes mutations en cours, demeurer les gardiens du monde vivant ?

En expansion continue, les domaines d'application des biotechnologies *« mettent au service de l'homme le travail de la vie*[25]*»*. L'intervention externe sur le génome, demain sur le protéome, définit l'un des espaces ouverts à l'initiative humaine dans trois domaines essentiels :

> *Le premier concerne les êtres humains (fabrication de nouveaux médicaments, tests génétiques divers), le second les animaux (amélioration des espèces, développement de l'élevage par clonage), le troisième les plantes (fabrication d'espèces à valeur nutritive enrichie et d'espèces résistantes aux insectes et à certains herbicides)*[26]*.*

Une littérature abondante ramène ces interventions à une espèce de mécanique où des pièces de substitution remplaceraient des unités déficientes. Incomplète, voire déjà archaïque, cette définition des applications des biotechnologies au vivant appelle des compléments majeurs. En effet, au jeu des pièces de substitution ou complémentaires s'ajoutent les pouvoirs propres des organismes de se régénérer, de se recomposer, de refaire leurs éléments constitutifs, d'assurer la croissance et la multiplication cellulaire selon une dynamique autonome, autorégulée et féconde[27].

Maîtriser cette dynamique, l'activer là où elle s'est ralentie, la relancer là où elle s'est arrêtée, voilà qui constitue la seconde dimension des applications des biotechnologies. Selon la directrice du Centre universitaire de santé de l'Université McGill de Montréal, Rissa Rozon : *« L'objectif de la médecine ne serait plus de traiter les maux en tant que tels, mais de détecter les risques de les voir se développer et de prévenir leur apparition[28]. »*

La troisième dimension suppose l'ajout de missions ou de fonctions qui n'appartiennent pas naturellement aux composantes de tel ou tel organisme, ajout par croisement artificiel avec des organismes voisins, ajout par croisement artificiel avec des espèces différentes. C'est le cas des plantes et des animaux génétiquement modifiés et produisant des médicaments dans leur système ou dans leur propre production. Ces plantes et animaux producteurs de médicaments pourraient constituer dans l'avenir de véritables usines pharmaceutiques.

La quatrième dimension touche à ce même « pouvoir propre » et vise la multiplication à l'infini de cellules spécifiques. Il s'agit notamment de produire des tissus vitaux en vue de leur utilisation pour rétablir des organes déficients. Comme l'affirmait Peter Schwartz, ce pouvoir ne constitue pas un élément dans la longue histoire des développements technologiques médicaux, mais un changement fondamental des paradigmes de la médecine. Les cellules souches constituent la source embryonnaire de toutes les autres cellules d'un organisme vivant.

Elles sont les outils utilisés par ces organismes pour se produire dans la cohérence. De plus, elles portent et transmettent les codes chimiques qui provoquent les développements des nerfs, des muscles, des os, bref, de tous les éléments d'un organisme vivant[29].

Enfin, la dernière dimension vise la multiplication par clonage des organismes eux-mêmes : clonage thérapeutique ou clonage reproductif. Le clonage thérapeutique consiste dans le prélèvement d'une cellule sur le malade et dans l'introduction du noyau de cette cellule, avec son ADN, dans un ovule vidé de son noyau. À un stade précis du développement de l'embryon, on met fin à ce développement et on fabrique à partir des cellules de l'embryon divers tissus aptes à remplacer des organes endommagés. Quant au clonage reproductif, il a comme objectif la reproduction identique d'un être vivant.

Ces acquis n'ont pas fini de livrer leurs secrets. Ils ont la dimension d'un prologue, les éclairages de ces sphères inédites ayant toujours la fragilité et la puissance d'un commencement.

Contrastant avec une littérature de vulgarisation largement optimiste et un discours institutionnel, politique et économique porteur de promesses démesurées, de nombreux scientifiques ont marqué la limite de ces acquis considérables. Francis Fukuyama, qui a annoncé la fin de l'histoire, appartient à cette confrérie. « L'avenir posthumain » ouvert par les biotechnologies lui semble plein de risques graves affectant la nature humaine elle-même et notre capacité de la travestir durablement[30].

Dans deux ouvrages fondamentaux publiés en l'an 2000, Richard Lewontin évoque les rêves et les illusions issus des développements de la biologie moléculaire et l'extrême complexité des interrelations entre gène, organisme et environnement[31]. À son sens, accumuler des données ne devrait pas être un objectif en soi. C'est leur compréhension qui compte, ainsi que la compréhension des relations entre les parties et le tout dans les organismes et dans l'Univers.

Empruntant à l'histoire spatiale, le généticien David Botstlein déclare au lendemain de l'annonce de juin 2000 : «*Nous voici en orbite autour de la Lune, mais nous ne l'avons pas encore explorée[83]*». Un an plus tard, John Cohen rappelle les espoirs irréalistes qui ont accompagné l'annonce de juin 2000 et met en garde ceux qui voudraient relancer ces espoirs après l'annonce des premiers travaux visant à décrypter le protéome.

Analysant l'avenir de la médecine régénératrice, Peter Schwartz évoque pour sa part deux hypothèses contraires : résultats imminents ou longues et patientes démarches de plusieurs décennies. Il n'exclut pas la possibilité d'abandonner si la médecine régénératrice devait se transformer en illusion ou se buter à des difficultés insurmontables. Ces difficultés tiennent notamment au système de défense des organismes vivants face à des corps étrangers, de même qu'à la planification, au temps, à la place et au volume des gènes à incorporer dans un organisme vivant[33].

Cependant, les chances de réussite apparaissent significatives. À côté de la médecine régénératrice – injection de lignées de cellules neuves issues de cellules souches pour remplacer des cellules mortes ou en voie de dégénérescence –, la médecine prédictive pourrait conduire à la maîtrise des données biochimiques laissant présager les difficultés à venir. Dans la meilleure des hypothèses, la prévention et l'intervention génétiques bouleverseront la vie des individus, un grand nombre de pratiques sociales y compris celles affectant la transmission de la vie. Elles produiront de plus une médecine adaptée à la spécificité de chaque personne. En effet, parmi les bénéfices découlant du décryptage du génome, la pharmacogénétique occupe le tout premier rang. Cette science nouvelle vise à harmoniser la médicamentation

prescrite et le code génétique des individus. Une technologie adaptée est déjà disponible pour établir la composition génétique à partir d'un prélèvement sur un organisme et des services en ligne offrent des informations
génétiques, des renseignements et des services[34].

La biotechnologie et la production industrielle

«*La biotechnologie industrielle est parvenue à
maturité*[35].» Sans nuance, l'affirmation de l'OCDE
appelle une modulation mieux ajustée à l'évolution
d'une science récente et dont la pleine fécondité est loin
d'être accomplie.

Toutefois, l'Organisation s'est engagée dans une croisade idéologique qui l'amène parfois à des affirmations
et prévisions extravagantes. On pense notamment à son
rapport *Le monde en 2020* dont les prévisions ont fait
l'objet de vives contradictions au moment même de sa
parution.

Cet excès d'optimisme ne réduit en rien l'intérêt des
travaux de l'OCDE, la qualité de son inventaire et de ses
hypothèses concernant ce qu'elle appelle «la biologie
industrielle» et «l'amélioration de la viabilité écologique
de l'industrie à travers les technologies à l'échelle
planétaire et globale».

Sur le plan général, les rédacteurs du rapport de
l'OCDE affirment que pour un même niveau de production industrielle, la biotechnologie entendue ici
comme l'«application d'organismes, systèmes et processus biologiques à la production de biens et services»,
est économiquement compétitive, permet d'obtenir des
produits plus propres, de réduire la consommation de
matières premières, d'économiser l'énergie, de réduire la
pollution et les déchets industriels. Ils nous rappellent

que les systèmes vivants ont tendance à accomplir leurs processus chimiques de façon plus efficace que les systèmes chimiques artificiels et à produire des déchets recyclables et biodégradables. Ils montrent aussi que si les applications industrielles de la biotechnologie moderne ont d'abord touché la médecine, elles ont progressé aussi en de nombreux secteurs industriels, notamment l'alimentation humaine et animale, les produits chimiques, les pâtes et papiers, les textiles et cuirs, les métaux et minéraux et l'énergie.

Les champs et les méthodes d'utilisation «du travail de la vie» au plan industriel prennent différentes formes : remplacement des éléments naturels par des ressources d'origine biologique, utilisation «des êtres vivants» pour des fonctions de synthèse et des fonctions d'enrichissement des produits naturels – biocatalyse pour les produits chimiques, biopulpage pour les pâtes et papiers, biolixiviation pour les métaux et biodésulfuration pour les combustibles fossiles, gènes bactériens et des lipases pour le textile et le cuir – coloration du coton par modification génétique.

En croissance continue, cette mobilisation «du travail du vivant» s'accentuera vraisemblablement dans les domaines où elle est déjà engagée et s'étendra à un très grand nombre de nouveaux domaines industriels.

Certains y voient des risques considérables pour l'équilibre naturel, notamment face à l'impossibilité d'en déterminer l'incidence globale[36]. D'autres anticipent «l'écologisation de l'industrie», qui contribuerait à abaisser la consommation d'énergie, l'utilisation et la production des polluants y compris atmosphériques, la consommation de l'eau, avec le développement de possibilités de traitement et de récupération enrichies par l'usage des biotechnologies. À cet égard, on évoque aussi l'effet d'économie des matières premières, agricoles, minérales et fossiles, la sauvegarde enfin et la protection

du milieu naturel. Pour la majorité des environnemen-
talistes, les risques de l'utilisation des biotechnologies en
agriculture et dans diverses applications industrielles
sont considérables. En conséquence, des associations
comme Greenpeace et la Confédération paysanne, récla-
ment leur abandon immédiat ou un régime réglementaire contraignant qui limiterait leur profitabilité de
façon importante.

En contrepartie, d'autres organisations, notamment
le Center for Science in the Public Interest, font valoir les
bénéfices de l'utilisation des biotechnologies en agriculture : réduction des insecticides et de leurs effets, de la
pollution de l'eau et de l'érosion des sols, élimination des
effets des virus sur certaines productions menacées,
croissance des rendements... Il reste que ces bénéfices ne
constituent en rien un sauf-conduit pour toutes les
ouvertures. Il faut tout vérifier par un double système,
faire une préapprobation des produits et une évaluation
continue de leur conformité aux normes reconnues.
C'est ce que préconise la proposition, formulée en janvier
2001, de la US Food and Drug Administration. Pour sa
part, la Commission européenne a adopté diverses
directives depuis 1990 afin d'éviter le morcellement des
réglementations sur le continent et d'assurer la protection des consommations. Ces directives couvrent
l'ensemble du processus, du stade de la recherche jusqu'à
celui de la commercialisation. Certes, le principe de précaution s'impose dans la manipulation ou l'enrichissement des composantes naturelles ainsi que dans les
recombinaisons de l'ADN dans des domaines essentiels :
consommation humaine, maintien de la capacité naturelle des espèces, incidences sur l'environnement et propriétés des ressources génétiques.

Les biotechnologies comme enjeux géopolitique et économique

Les biotechnologies constituent un enjeu géopolitique majeur en regard de la prépondérance scientifique et technologique, de la croissance économique, de la création d'emplois, de la puissance dans les domaines civil et militaire. Selon les termes d'un rapport du Conseil économique et social français : « *Les biotechnologies auront, dans un avenir proche, une importance probablement aussi grande pour nos sociétés que celle des technologies de l'information*[37]. »

Dans les pays industrialisés, mais aussi aux Indes, en Chine, au Brésil, à Singapour, pour ne citer que ces pays, les biotechnologies connaissent un développement spectaculaire. Avec les technologies de l'information, elles se situent désormais à l'échelle globale.

Elles ont acquis une place centrale dans l'économie du savoir et constituent un secteur majeur dans la compétition internationale. Elles commandent des investissements continus dans la recherche fondamentale et appliquée, le développement et l'extension de la quasi-totalité des secteurs industriels – de l'agriculture (1,3 trillion de dollars) à l'alimentation animale (1,6 trillion de dollars), des pâtes et papiers (900 milliards de dollars) au textile (601 milliards de dollars), de l'industrie pharmaceutique (300 milliards de dollars) à l'industrie chimique[38].

Dans la majorité de ces secteurs, la part des biotechnologies connaît et connaîtra un accroissement considérable. Déjà, elles assurent « *la production de centaines de substances destinées à l'industrie chimique et à l'industrie alimentaire*[39] ». Entre 1996 et 2005, cette production se verra multiplier par 7 pour les pâtes et papiers, par 2 pour les produits pharmaceutiques, la chimie fine et l'alimentation. On estime de plus que 20 % des nouvelles molécules pharmaceutiques mises sur le marché au cours des prochaines années proviendront des biotechnologies. Selon une évaluation canadienne, le domaine des biotechnologies croît quatre fois plus rapidement que la croissance économique générale et cette croissance pourrait s'accélérer notamment dans les domaines de la santé, de l'agriculture et de l'environnement. Selon les experts canadiens, les produits de cette industrie au plan mondial constituaient 5 % des médicaments prescrits en 1999. Ils pourraient en représenter 15 % en 2005. Pour le Canada, le taux de croissance des revenus, de l'investissement dans la recherche et l'exportation seront en progression respectivement de 100 %, 100 % et 160 % entre 1999 et 2002 et l'emploi dans le secteur augmenterait de 10 % par année[40].

Au plan global, l'Amérique du Nord domine le secteur. Elle est engagée dans une lutte à finir, notamment avec l'Europe, afin de faire reconnaître les produits agricoles issus des applications biotechnologiques[41]. En 2000, les États-Unis comptaient 1273 sociétés biotechnologiques, dont 300 relevaient du secteur public. Il y avait 437 000 emplois dans le secteur, plus de 50 % étant des emplois directs (ces statistiques excluent les entreprises étrangères œuvrant aux États-Unis et celles du secteur pharmaceutique).

La capitalisation des industries biotechnologiques a connu une croissance de 156 %, entre 1999 et 2000, passant de 137,9 milliards de dollars à 353,5 milliards de dollars. Les revenus directs ont passé de 8 milliards de dollars en 1993 à 22,3 milliards de dollars en 1999, auxquels s'ajoutent 27 milliards de dollars en revenus indirects.

Dans le domaine des soins de santé, l'industrie américaine a déjà produit 100 médicaments et près de 350 autres sont aujourd'hui à l'étape de la recherche clinique. Ces médicaments visent plus de 200 maladies, notamment le diabète, l'arthrite, la sclérose en plaques, divers cancers et la maladie d'Alzheimer.

Ces progrès remarquables s'expliquent en priorité par la mise en place d'une politique nationale d'envergure : reconnaissance du haut taux de retour des investissements publics dans les sciences fondamentales ; réseau de partenariat entre l'État fédéral et les gouvernements des États fédérés, l'industrie et l'université ; politique fiscale privilégiée ; mise sur pied, en 1993, du National Sciences and Technology Council que le président Clinton présida jusqu'à la fin de son second mandat[42].

Ces choix stratégiques ont eu d'importants effets à l'échelle des gouvernements des États américains[43]. Quatorze d'entre eux se sont dotés d'un plan stratégique spécifique, douze autres, d'équipes de coordination. Du financement direct à la mise en place de services spécialisés, du financement de la recherche à la mise en place d'une fiscalité favorable, du soutien au partenariat industrie-université au développement du curriculum visant «les sciences de la vie» et ses champs spécialisés, génomique, protéomique et bioinformatique : toute une panoplie d'instruments et d'interventions publiques viennent en appui à l'inclusion des biotechnologies dans la recomposition de l'économie.

Parmi les initiatives recensées, on note la création de 27 instituts et laboratoires et leur financement, atteignant 2 milliards de dollars dans le cas de l'Illinois et 1,85 milliard dans le cas du Texas. Vingt-huit États disposent de fonds destinés au financement des nouvelles sociétés du domaine et à la participation publique au capital de risque ; 25 États, de réseaux biotechnologiques reliant universités, industries et secteur public ; 26 États, de parcs industriels dédiés aux industries biotechnologiques.

L'objectif d'ensemble de ces politiques vise à consolider la prépondérance américaine dans les sciences fondamentales, à conforter sa prééminence dans le monde à l'égard de la recherche ainsi que de la production et de l'utilisation de produits biotechnologiques dans de nombreux secteurs industriels.

Le poids des États-Unis dans la recherche scientifique, technologique et les technologies de pointe, le haut niveau d'investissement public et privé, plus de 10 % par année entre 1993 et 1999 pour atteindre à cette date 245 milliards de dollars expliquent également ces progrès. Pour la même période, l'effort des États-Unis représentait 44 % du total des budgets de recherche et développement des 28 pays membres de l'OCDE et une somme supérieure à celles investies en recherche et développement par tous les autres pays du G8 réunis.

Dans le secteur des biotechnologies, le volume des publications scientifiques américaines représente près de 45 % de la production mondiale ; celui des brevets obtenus a été multiplié par 6 entre 1985 et 2000, passant de 1500 à 6000[44]. Plus de 50 % des molécules pharmaceutiques nouvelles faisant l'objet d'une commercialisation mondiale proviennent des États-Unis. Dans le domaine agricole, la plupart des organismes génétiquement modifiés sont de même origine[45].

Selon les données disponibles, il semble que le secteur privé des biotechnologies aux États-Unis ressente peu les effets de la crise de confiance des investisseurs même si leurs appuis tendent à diminuer. Dans ce domaine aussi, les investisseurs cherchent à mesurer la valeur réelle des sociétés qui les sollicitent[46].

De plus, le nombre et l'ampleur des transactions, fusions et consolidations des sociétés du domaine des biotechnologies entre elles (ententes multipliées par 10 entre 1996 et 2000), entre ces dernières et les sociétés pharmaceutiques (pour la première fois, les coûts d'achat des sociétés biotechnologiques par des sociétés pharmaceutiques ont excédé 1 milliard de dollars, par exemple

1,3 milliard de dollars entre Bayer et Coragen, plus de 2 milliards entre Bristol-Mayers Squibb et Inclone) traduisent la place centrale des sociétés du domaine dans l'économie générale. D'ailleurs, la tendance n'est plus à l'absorption des sociétés biotechnologiques par les sociétés pharmaceutiques, mais bien à des fusions ou ententes conduisant au partage du développement et des profits[47].

Sur le plan de l'organisation de l'industrie, les États-Unis ont une avance considérable. En effet, la Biotechnology Industry Organisation fédère plus de 1000 sociétés, universités et autres partenaires localisés dans 50 États américains et 33 pays. Son assemblée annuelle fait office de véritables états généraux globaux de l'industrie. Par exemple, il y a eu 7000 participants à Boston à l'été 2000, 15 000 à San Diego à l'été 2001, et 16 000 à Toronto à l'été 2002, en provenance de 15 pays. Ses forums européens – Munich (2000), Francfort (2001) et Zurich (2002), et ses Wall Street Investment Conferences constituent de hauts lieux de mises en perspective scientifique, commerciale et financière d'un domaine, hier encore considéré marginal, mais occupant aujourd'hui une place significative dans l'économie globale.

De nombreux facteurs structurels expliquent le « retard de l'Europe » dans le développement des biotechnologies, retard dans la recherche et retard dans les applications[48].

Sur le plan politique, malgré les recommandations et les directives de la Commission européenne, entre 1975 et 1989, les pays membres de l'Union européenne ont jalousement protégé leur juridiction nationale sur les politiques de recherche et développement. Il a en découlé une pluralité des perspectives ainsi qu'une fragmentation des investissements et une prolifération des lois et des normes. Il faut attendre l'Acte unique européen (1989) pour qu'on consacre la compétence communautaire en matière de recherche, compétence renforcée par le traité de Maastricht et rendue opérationnelle par le traité d'Amsterdam.

Cette première cause du «retard européen» expliquerait la lenteur avec laquelle les pouvoirs publics des pays membres ont pris conscience des enjeux du domaine en raison de leur concentration dans d'autres champs de la compétition mondiale.

Sur le plan économique, le faible niveau de financement de la recherche, la concentration de cette dernière dans le secteur public (85 % des laboratoires qui font progresser les biotechnologies en Europe appartiennent au secteur public), l'insuffisance des liens entre le monde de la recherche et celui de l'entreprise, l'incertitude concernant la protection intellectuelle du vivant ajoutent aux freins de nature politique et rend difficile un positionnement compétitif de l'Europe face aux États-Unis[49].

Dans un rapport percutant consacré aux stratégies industrielles, des experts français expriment comme suit la problématique de la protection intellectuelle du vivant:

> *L'environnement réglementaire européen constitue un handicap sérieux pour le développement des biotechnologies. Les inventions biotechnologiques n'ont pas de statut communautaire, puisque d'une part les États membres de l'Union européenne décident individuellement et de manières divergentes du type de protection possible et des éventuelles exclusions de la brevetabilité... et que d'autre part, la jurisprudence de l'OEB reste incertaine concernant des points importants.*

Et l'auteur de conclure:

> *L'absence de directive (européenne) crée une situation très pénalisante pour l'industrie européenne[50].*

Depuis, une directive européenne a été adoptée et des mesures arrêtées pour combler le retard de l'Europe : mise en place de plates-formes industrielles, rapprochement entre chercheurs et entreprises, multiplication des fonds de capital-amorçage, accès au capital de risque et fiscalité favorable. Une décennie après les États-Unis, l'Europe cherche les conditions d'une présence forte dans le vaste domaine des biotechnologies.

Cet ensemble de stimuli a apparemment eu des effets significatifs. Les effectifs et les recettes des entreprises du domaine ont pratiquement doublé entre 1995 et 1998. De plus, on a grandement facilité l'accès au financement grâce notamment à l'ouverture de marchés adaptés inspirés du NASDAQ américain, le NEUER MARKT allemand, le nouveau marché français, l'EASPAQ européen...

Dans ce domaine comme dans plusieurs autres, l'horizon européen s'est imposé progressivement. L'évaluation suivante, formulée pour la France, s'applique aujourd'hui à l'ensemble des pays membres de l'Union :

> *Si l'objectif est que notre pays occupe demain une place significative dans ce domaine stratégique, il est clair qu'il ne peut le faire qu'au sein de l'Europe, seule à même de relever par sa taille ce nouveau défi américain*[51].

Deuxième puissance du monde et première en Asie, le Japon s'est investi tardivement dans le domaine des biotechnologies. Composante majeure de la loi fondamentale sur la science adoptée en 1996, *La Stratégie nationale en biotechnologie* arrêtée en 1999 fixe des objectifs ambitieux autour de trois axes de recherche et de production : la recherche génomique, les neurosciences et la biodépollution. Elle vise la création de 1000 entreprises et de près de 100 000 emplois, le développement d'un marché national propre et le contrôle d'une part de marché mondial évalué à 240 milliards de dollars en 2010. Il s'agit d'un investissement massif dans les microtechnologies appliquées aux sciences de la vie[52].

Pour atteindre ses objectifs, le Japon a doublé ses investissements en recherche. Il peut compter sur sa maîtrise ancienne de la chimie de base et le contrôle qu'il exerce sur le développement de la microtechnologie.

Dans les inventaires du domaine des biotechnologies, on a tendance à conclure rapidement que la situation du reste du monde apparaît marginale comparée à celle des États-Unis. Les développements du domaine aux Indes, en Chine, en Corée, à Taiwan et au Brésil, voire dans certains pays africains[53], viennent de plus en plus contredire cette appréciation d'ensemble.

Les investissements récents de ces pays, les réformes de leurs institutions de recherche, les nouveaux modes de financement témoignent d'une volonté manifeste de maîtriser les leviers fournis par les biotechnologies pour accroître la production agricole, améliorer les soins de santé et la qualité des espèces ainsi que résoudre certains problèmes environnementaux.

Sur les plans géopolitique et économique, ces vastes régions détermineront peut-être davantage que l'Europe l'issue du bras de fer industriel opposant le vieux continent et l'Amérique s'agissant de l'avenir de l'application des biotechnologies au domaine agricole. On peut douter d'ailleurs de la solidité dans le temps de la position européenne illustrée par le moratoire de 1998 concernant l'importation des produits transgéniques.

Cette position découle bien davantage du retard de l'Europe que d'un consentement éternel à des principes intangibles. L'Inde et la Chine notamment pourraient faire la différence.

Situant leur réflexion au plan global – celui de l'évolution de la science et de la technologie dans le monde, celui des dimensions économiques et commerciales des puissances y compris la Chine, celui de la résolution des problèmes complexes des pays pauvres dont l'Inde –, un groupe de travail réuni par le premier ministre indien a déposé en novembre 2000 un plan exhaustif pour le développement du domaine des biotechnologies à l'échelle nationale[54].

Le modèle américain sert de référence, le positionnement « agressif » de la Chine et les progrès des pays du Sud-Est de stimuli, la capacité compétitive de l'Inde étant manifestement mise en cause dans ces domaines et dans ces parties du monde.

Selon le plan indien, l'effort national doit porter en priorité sur la production industrielle et la commercialisation. Ces objectifs appellent une simplification des mécanismes publics de contrôle et la présence du secteur privé dans une nouvelle entité chargée de la réglementation du secteur, le financement des 50 produits biotechnologiques déjà existants dans les laboratoires nationaux, le soutien aux entreprises du domaine et l'établissement de fonds spécialisés à cet effet. On souhaite de plus la mise en place de parcs biotechnologiques couvrant le territoire national.

L'effort national doit de plus tirer le maximum des acquis nationaux, lesquels ne sont pas négligeables :

– la maîtrise d'un secteur informatique capable d'assumer les convergences du secteur des biotechnologies et les systèmes et les données découlant du décryptage du génome. En conséquence, l'Inde a la capacité de s'imposer dans le domaine de la bioinformatique, de s'approprier une part du marché global notamment dans les domaines agricoles et pharmaceutiques ;

- la disponibilité d'une main-d'œuvre abondante et
hautement qualifiée dans les divers domaines
associés à la recherche et à l'expérimentation des
biotechnologies ;

- l'existence d'un secteur industriel vibrant dans le
domaine pharmaceutique. La valeur de sa production en 2000 s'élevait à 4,3 milliards de dollars
et sa croissance projetée excède 10 % par année[55].

Dans la redéfinition de la politique industrielle et
scientifique de la Chine, la restructuration des institutions dédiées à la science et à la technologie, la mise à
jour des mécanismes de financement des entreprises, les
biotechnologies occupent une place centrale[56].

Au second rang après les États-Unis, la Chine développe massivement la culture des plantes génétiquement
modifiées. En effet, ce sont plus de 3 millions d'hectares
et 50 organismes modifiés qui, en l'an 2000, occupaient
une place de plus en plus significative dans le paysage
agricole chinois, 700 000 hectares dans le seul domaine
de la production du coton comparativement à 2000 en
1987.

Ces évolutions illustrent les choix effectués par
Beijing en faveur des biotechnologies, de leur production
commerciale à grande échelle, de leur utilisation dans les
domaines de l'agriculture mais aussi de la santé, de la
production industrielle et en matière de protection de
l'environnement

Dans la conduite de cette politique, la Chine peut
compter sur des institutions nouvelles tel le Centre génomique de Beijing, qui a récemment complété le décryptage du génome du riz. Elle peut s'appuyer sur des institutions anciennes et rénovées, tels l'Institut de biochimie et
biologie cellulaire de Shanghai avec ses 55 groupes de
recherche rassemblés autour de laboratoires prestigieux et

le nouvel Institut des sciences de la vie regroupant les anciens Instituts de génétique et de biologie du développement. Elle peut aussi faire fond sur l'Institut des biotechnologies de Hong Kong et certains autres instituts de l'ancienne colonie britannique, dont l'Institut des technologies pharmaceutiques. Dédié à la recherche, à l'expérimentation de produits issus des innovations technologiques, ce dernier fait une place aux abondantes ressources de la médecine chinoise traditionnelle, en lien étroit avec les équipes de chercheurs de Taiwan. La Chine peut compter enfin sur un ensemble de coopération, avec le Japon, l'Union européenne (depuis deux ans, des équipes scientifiques chinoises travaillent de concert avec les propanes-cadres de l'Union européenne) et les États-Unis[57].

Dans ce dernier cas, la mise en place, en juillet 2002, d'un groupe de travail conjoint Chine-États-Unis dédié aux biotechnologies appliquées à l'agriculture en vue d'assurer l'augmentation de la production, sa sauvegarde contre les cataclysmes naturels et la protection de l'environnement constitue un événement marquant. Si la Chine, après l'Inde, se rapproche de l'Amérique et épouse sa conception de la place des biotechnologies dans la production humaine, dans la croissance et le développement économique, dans le règlement de certains des déficits globaux qui affectent des centaines de millions de personnes dans le monde, ce choix pourrait s'avérer déterminant dans la longue durée.

Pour des communautés humaines de grande taille, l'Inde, la Chine et l'Afrique subsaharienne, la tentation du modèle américain est très forte. En effet, les États-Unis disposent du secteur agricole le plus productif du monde et les applications biotechnologiques y occupent une place croissante. L'Amérique se situe au premier rang du commerce international dans ce secteur à la hauteur de 57 milliards de dollars pour 2002.

ADDENDUM : De la robotique

Technologies parallèles ou technologies auxiliaires, la robotique (science et technique de la robotisation, de la conception et de la construction des robots) et la nanotechnologie (technologie de l'infime; accolé au nom d'une unité de mesure, le préfixe «nano» exprime le milliardième de cette unité) appartiennent à cette constellation de systèmes qui, ensemble, forment le substrat technologique de notre temps. L'une et l'autre contribuent aux prodigieux progrès informatiques les animant et les développant[58], et par ailleurs en bénéficient.

On a déjà effectué le croisement de ces technologies : on a conçu des robots comme opérateurs d'entreprises conduites dans l'espace et on a intégré des nanotechnologies dans certaines opérations industrielles incluant l'utilisation des biotechnologies[59].

Si, pour l'heure, la robotique et la nanotechnologie n'ont pas encore les mêmes répercussions que les technologies à dimension globale analysées plus avant, leur progression théorique et l'enrichissement continu de leurs applications les situent au tout premier rang des outils technologiques qui marqueront le siècle naissant.

Application de l'intelligence artificielle, la robotique est née dans l'enthousiasme voilà 40 ans. On a depuis mesuré l'extrême complexité de synthétiser les fonctions humaines immatérielles, la complexité de les inscrire dans les charges confiées à des robots de façon que leur fonctionnement et leurs comportements se rapprochent de ces fonctions[60].

Dans l'intervalle, la science de la robotique progresse rapidement et les machines enregistrent de vrais gains de capacité selon les conclusions de l'enquête mondiale conduite par Faith D'Aluisio et publiée en septembre 2000 par les presses du Massachusetts Institute of Technology (MIT)[61].

Un grand nombre de disciplines, de la biologie à l'informatique, de la physiologie à la logique, de la neurologie à la génétique sont aujourd'hui au travail pour produire des machines capables d'expérimenter le monde d'une manière qui s'apparente à la nôtre. Selon les termes du directeur de Intelligent Systems Laboratory, Daimler-Benz Research and Technology Center, Pat Langley:

> *L'objectif central de l'intelligence artificielle est de construire un «agent» intelligent capable de percevoir son environnement, de produire des plans, de les exécuter et de communiquer avec d'autres agents. La poursuite de ce rêve a naturellement conduit les chercheurs à privilégier les analyses des composants de la perception, de la planification, du contrôle, du langage naturel, aussi les fonctions transversales telles la représentation et la recherche[62].*

Différentes combinaisons définissent l'intelligence artificielle: conjugaison des fonctions logiques et des interférences qui les font varier[63], haut degré d'autonomie, capacité d'apprendre et d'agir à partir de la modélisation du raisonnement et du savoir et pouvoir d'effectuer des adaptations structurelles en temps réel.

Pour obtenir ces configurations, «des programmes capables d'engendrer des programmes», selon l'expression de Jacques Pitrat, il faut disposer de programmes créant des capacités dans la déduction et produisant des alternatives. John Koza, de Stanford, désigne cette forme d'autonomie par l'expression «human competitive».

Ces programmes sont aujourd'hui disponibles bien qu'inachevés. En effet, des progrès concernant l'inclusion de l'algorithme génétique intégral d'un robot – schéma créatif, contrôle des aptitudes, capacité de reconfiguration et système d'évaluation continue – dans les logiciels eux-mêmes ont pour effet d'accélérer cet ensemble de fonctions. En outre, les acquis dans la fiabilité et la célérité des transpositions analogiques ont fait avancer le fonctionnement «autonome» des robots.

Les développements des neurosciences visant à percer les «mystères» du fonctionnement du cerveau – différenciation des centres cérébraux, convergence des fonctions supérieures, intégration dans le cortex des représentations des sens – viennent aussi en appui aux travaux de ceux qui cherchent à les reproduire sur des supports artificiels[64]. Certains de ces développements annoncent «l'être bionique» issu du mariage du vivant et de la machine, liés par un système neuroélectrique.

Certes, nous sommes encore loin des machines hybrides unifiant les puces de silicone et l'esprit de l'homme, machines annoncées dans le dernier ouvrage de Ray Kurzweil[65]. Il reste que la capacité créatrice des machines est encore en son premier âge. Elle progresse manifestement et notamment dans le pouvoir de se reconfigurer selon les fluctuations de leur environnement[66].

Du robot individuel, l'intérêt se porte vers les collectifs de robots, leur capacité notamment de conjuguer leurs interventions, leur capacité également d'envisager un «univers simplifié» et de le décrire dans des termes qui leur soient communs et compréhensibles, donc de créer une «communication verbale» entre eux[67].

Dans sa contribution aux clefs du XXIe siècle, Jean-Louis Denenbourg, directeur du laboratoire de biologie théorique de l'Université libre de Bruxelles, évoque les deux modes de fonctionnement prévisibles du robot: face à l'imprédictible, utilisation de systèmes voisins du système biologique; face aux situations déterministes, utilisation des techniques découlant des calculs et de la centralisation de l'information[68].

Ces critiques et ces distinctions accompagnent de très importantes recherches que chapeautent pour les États-Unis l'American Association for Artificial Intelligence (AAAI) et pour l'Europe, The European Committee for Artificial Intelligence (ECAI). Les actes de l'International Joint Conference on Artificial Intelligence (IJCAI) permettent de saisir la valeur et l'ampleur des travaux conduits ailleurs dans le monde et notamment en Chine, au Japon et aux Indes.

Le marché de la robotique industrielle aux États-Unis et dans le monde connaît une croissance continue. Il en va de même pour celui visant des applications plus spécialisées, en médecine, par exemple.

Des chapitres précédents se dégage l'évidente prépondérance des États-Unis dans la production et la maîtrise des technologies de l'ère nouvelle. Ces dernières ont transformé le monde, affirme Kishore Mahbubani. Les trois prochains chapitres analysent cette transformation. Ils visent la compréhension de la réponse européenne, des perspectives asiatiques, des incidences sur les zones en développement du monde et des conditions de leur inclusion dans les mutations actuelles du monde.

CHAPITRE V

LA RÉPONSE DE L'EUROPE

« Notre rapprochement puis notre union,
événements parmi les plus éclatants de toute
l'histoire, c'est afin d'agir ensemble que nous
les avons engagés. L'union, pour qu'existe sur
l'ancien continent, un pôle dont la puissance,
la prospérité, l'autorité, égaleront celles des
États-Unis. L'union, encore, pour le moment
venu, permettre à toute l'Europe d'établir son
équilibre, sa paix, son développement. L'union
enfin et peut-être surtout, à cause de l'immense tâche de progrès humain qui s'impose
au monde et dont la conjoncture des valeurs
de l'Europe, et en premier lieu les nôtres, peut
et doit être l'élément majeur. »

Charles de Gaulle

Scénario Europe 2010

Cherchant à éclairer la première décennie du XXIe
siècle, la cellule de prospective de la Commission européenne a lancé, au début de 1997, le projet *Scénario
Europe 2010*[1]. Ce projet propose cinq avenirs possibles
pour l'Europe.

Entre le triomphe du marché et les voisinages turbu-
lents, le premier découlant du triomphe du commerce

sur la guerre et le second exprimant « la crainte du monde et l'appréhension de ce que l'avenir réserve aux citoyens européens », le grand jeu évoque les synopsis les plus contradictoires. Toutefois, la présence incontournable des États-Unis et celle des technologies développées et maîtrisées par la grande puissance s'imposent avec force et constance dans chacun de ces cinq avenirs possibles.

Le premier scénario dessine une Europe prospère convaincue de la voie libérale par le succès américain, succès porté par une croissance plus rapide de la productivité que partout ailleurs dans le monde. Il repose aussi sur l'exploitation maximale des TIC. Dans ce contexte, il s'agit pour l'Europe de relever le défi américain, le monde n'offrant « aucune solution de rechange ».

Le deuxième scénario, quant à lui, conduit à une lente dégradation des pouvoirs centraux au profit des villes et des régions qui connaissent un renouveau économique, culturel et social sans précédent. Dans ce monde nouveau et fortement décentralisé, les États-Unis consacrent l'essentiel de leur attention à leurs problèmes internes et tiennent une présence minimale dans le monde, et l'Europe stagne.

Le troisième scénario dessine une Europe renforcée grâce à la synthèse réussie de ses idéaux de solidarité et l'innovation technologique, une Europe présente dans les secteurs de pointe, particulièrement l'industrie du savoir et de la connaissance. Bref, doyenne débonnaire du système international, chef de file des défenseurs des institutions internationales, l'Europe connaît des moments de tension avec les États-Unis, principale grande puissance qui commence à se soumettre à une approche plus coopérative au plan mondial.

Le quatrième scénario ouvre sur une crise sociale profonde à l'égard de l'émergence de nouveaux lieux de délibération et de concertation, de nouveaux paramètres concernant l'organisation sociale et notamment le travail. Voici l'Europe réconciliée, le redécollage de son économie, porté par les services d'une gamme considérablement étendue, et en particulier par le secteur de la connaissance et de la création. Dans ce dernier cas, certaines entreprises européennes prennent même le leadership mondial en matière de créativité. L'Europe, selon cette hypothèse, disposerait, d'ici 2020, de plus de brevets que les États-Unis et le Japon.

Enfin, selon le cinquième scénario, le pouvoir se retrouve aux mains de réseaux complexes et peu contrôlables où les guérillas ethniques, le terrorisme, le crime organisé, le trafic d'armes s'entremêlent. On assiste au règne de la société incivile internationale. Après la Russie et l'Afrique, la Méditerranée glisserait à son tour dans le chaos, et l'Europe serait menacée. Les États-Unis, pour leur part, oscillent entre une volonté de retraite relative et le souhait de préserver leur présence politique.

Dans quatre scénarios sur cinq, les États-Unis sont appelés à demeurer «la superpuissance dominante», même si leur positionnement varie d'une projection à l'autre.

On récupère le modèle américain, omniprésent dans ces analyses qualitatives, et ses matériaux: économie de marché «intégrale», investissements dans la science et la technologie et notamment les TIC, importance de l'industrie du savoir comme nouveau fondement de la croissance et de la productivité.

Pour les dirigeants européens, ces scénarios ont peu de poids eu égard à la situation objective de l'Europe 30 années après le traité de Rome créant la Communauté économique européenne (CEE), 30 années après l'espérance évoquée par le général de Gaulle de créer «un pôle dont la puissance, la prospérité, l'autorité égalent celles des États-Unis».

Certes, les progrès accomplis ne relèvent pas de la médiocrité. Cependant, les changements du monde, notamment la révolution digitale et ses applications dans les domaines de la communication et des sciences de la vie, bouleversent les rythmes de l'évolution, transforment les flux humains, financiers et commerciaux et consolident la prépondérance américaine.

Cette prépondérance est d'abord conceptuelle. Elle découle d'avantages accumulés depuis la Seconde Guerre mondiale, de choix politiques et économiques récents et convergents, d'investissements institutionnels majeurs[2]. Elle résulte aussi d'une nouvelle considération pour la science et la technologie élevées au rang de leviers majeurs de la productivité, de la croissance, de l'emploi et du commerce international.

Cette mutation matérielle et immatérielle s'appuie sur des mythes puissants, forge un modèle dominant et nourrit le succès américain.

L'Europe est fortement interpellée par «*la nouvelle situation internationale[3]*» dont les contenus, l'ascendant et l'attraction sont le fait de son fragment américain lancé avec exubérance à la conquête du monde.

Dans cette vaste entreprise, les États-Unis disposent d'une unité d'action sans commune mesure avec l'hétérogénéité du dispositif européen. Cette hétérogénéité est à peine affectée par les traités successifs de Maastricht (1992), d'Amsterdam (1997) et de Nice (2000) qui constituent ensemble la forme inachevée d'une puissance à la recherche d'elle-même.

Les États-Unis ont aussi à leur portée un espace mondial ouvert par l'implosion de l'Union soviétique et la prostration de l'idéologie ayant fait successivement sa cohérence et sa perte.

Dans la même période, l'Europe doit absorber des chocs successifs de grande portée :

– Celui de la cessation de sa division idéologique, politique et militaire et d'États, au centre et à l'est du continent, désormais libres de leur alliance et souhaitant lier leur destin à celui de leurs voisins rassemblés au sein de l'Union européenne.

- Celui de la réunification de l'Allemagne, dont les conséquences géopolitiques continentales et mondiales sont et seront considérables dans la longue durée.

- Celui, géopolitique, visant à assurer une présence effective dans des zones stratégiques désormais ouvertes : l'Asie centrale et ses prodigieuses ressources, les Balkans et leurs problèmes historiques.

- Celui enfin d'une nouvelle collaboration avec la Fédération de Russie, ancienne puissance globale devenue en un temps bref un pays pauvre, désorienté et chancelant mais toujours aux commandes d'un arsenal nucléaire massif, disposant d'un droit de veto au Conseil de sécurité des Nations Unies et d'une position géographique unique entre l'Europe et l'Asie.

Si l'Amérique joue avec succès la partition de la globalisation, l'Union européenne doit inventer celle de la continentalisation. En effet, les pays de l'Europe centrale et de l'Est attendent d'elle coopération immédiate, accompagnement dans une transition difficile et, à terme, intégration dans un système politique unifiant l'immense espace qui va de l'Ukraine à la Turquie.

Sans préavis et avec une exigence considérable, un demi-siècle après la déclaration Schuman de 1950, le processus d'intégration lancé alors s'étend désormais à tout le continent. Les exigences de l'approfondissement se conjuguent désormais à celles de l'élargissement. *L'Agenda 2000* de la Commission européenne cherche à tenir ensemble des objectifs qui, sans être antonymes, sont éloignés les uns des autres[4].

À la veille du troisième millénaire, le Conseil européen de Nice (2000) actualise cette ambition et fait siennes les propositions de la Commission définissant les termes de l'inclusion de nouveaux membres à l'Union pour la fin de 2002[5]. Cette voie n'est pas libre d'embûches, pour dire le moins. Elle implique un choix difficile entre l'intégration, «*sur la base d'une approche fédérative[6]*», des pays qui en ont la volonté politique et dont les conditions économiques et sociales sont presque identiques d'une part et l'élargissement associant 27 pays et environ 530 millions de personnes dans une même communauté politique et économique, d'autre part.

Dans le premier cas, ce nouveau rassemblement constitue une entité politique sur le continent européen, comme les États-Unis d'Amérique sont une entité politique distincte sur le continent nord-américain.

Dans le second cas, l'Union pourrait se fourvoyer dans une série de crises graves et devenir une simple zone de libre-échange avec des institutions marginales. Cette ambiguïté donnerait satisfaction à ceux qui, à Washington, aspirent à maintenir un certain contrôle sur l'Europe afin de servir les objectifs et parfois les illusions géopolitiques de l'Amérique.

Ces jugements des anciens dirigeants français et allemand Giscard d'Estaing et Schmidt les amènent à affirmer que seul l'achèvement de la construction européenne, l'intégration «de l'Europe de l'euro» sont susceptibles d'en faire une entité pleinement opérationnelle permettant d'espérer que les nations européennes conservent «une influence dans le monde». Autrement, l'intégration de tant de pays ne peut que conduire à un échec complet. Telle qu'elle est et telle qu'elle se projette dans l'avenir, l'Union européenne est encore loin d'être une puissance mondiale. «*Faire de l'Europe une entité pleinement opérationnelle permettant d'espérer que les nations européennes conservent une influence dans le monde[7].* » Les termes sont choisis avec soin, l'équation manifestement difficile à éclairer.

La même année, les chefs d'États et de gouvernements réunis en sommet à Lisbonne arrêtent une formule plus directe : faire de l'Union européenne, en 2010, l'économie la plus compétitive et la plus dynamique du monde. La trajectoire sera longue tant la puissance américaine domine au triple plan militaire, économique et à celui de l'unité d'action, ce talon d'Achille de l'Europe, notamment dans les domaines de la recherche et du développement, des sciences et des technologies.

Du protectorat américain

La constatation « humiliante » de l'insuffisance de l'Europe à assurer la sécurité sur le continent et la supériorité affirmée des États-Unis en matière d'armement durant la guerre du Kosovo ont ébranlé les certitudes des Européens. Ces derniers ont constaté que cette guerre se conduisait depuis la Maison-Blanche et le Pentagone sans capacité pour l'Europe d'en influencer le cours.

L'Europe, « protectorat américain », selon l'expression de Zbignicw Brzezinski, s'était déjà montrée comme telle durant la guerre du Golfe. Dans une formule lapidaire, Jean Daniel avait alors résumé le constat établi par un grand nombre : « *Les quinze nations européennes étaient tantôt nationalistes, tantôt atlantistes, tantôt onusiennes. Elles n'ont jamais été européennes[8].* » Elles n'avaient tout simplement pas les moyens de l'être.

Au jugement de trois directeurs de centres de recherches européens :

Alors que les Européens dépensent environ 60% de ce que l'Amérique consacre à la recherche, leur capacité de projeter des forces dans une région comme les Balkans ne représente qu'une petite fraction de celle des États-Unis[9].

Les orientations définies dans les traités de Maastricht (1992) et d'Amsterdam (1997), les décisions arrêtées au sommets de Cologne, d'Helsinki (1999) et de Nice (2000) et l'appel du premier ministre britannique du 8 mars 1999 visant à arrêter une politique européenne de sécurité et de défense commune sont-elles susceptibles de modifier en substance ce constat éloquent?

Certes, les convergences politiques récentes concernant la sécurité et la défense commune ne sont pas négligeables.

– Décision de constituer une force d'intervention de 60 000 hommes, force devant être opérationnelle à partir de 2003, capable d'une intervention dans les 60 jours suivant une crise et suffisante pour tenir un engagement d'une durée de deux ans[10].

– Mise en place d'un comité politique de sécurité, d'un comité militaire et d'un état-major européen.

– Détermination des domaines d'intervention: opérations humanitaires, rétablissement et maintien de la paix, défense civile et évacuation de ressortissants européens en situation de danger.

– Entente pour la création d'une future agence européenne de l'armement (1998)[11].

Toutefois, le projet de politique européenne de sécurité et de défense est peu convaincant. Il prévoit une force européenne et non une armée européenne. Pour l'essentiel, il maintient l'effort de recherche et d'investissement à l'échelle nationale, là où le retard de l'Europe sur les États-Unis apparaît si déterminant. Enfin, le statut de cette force face à l'OTAN divise profondément les partenaires européens. Certes, le Conseil européen de Fiera (2000) a fixé le cadre des relations entre les deux entités inégales. Pilier européen dans une OTAN élargie, selon les uns; sous-ensemble au sein de l'OTAN pour la conduite d'opération par les Européens, selon les autres. Bref, même les plus optimistes n'entrevoient pas la formation d'une armée européenne.

Giscard d'Estaing et Schmidt ont défini l'état des lieux et la stratégie possible. À leur avis, il s'agit de persévérer l'alliance en matière de sécurité mondiale avec les Américains et, en même temps, d'aménager une part d'autonomie pour l'Europe. En résumé, la force globale est sous commandement américain et la possibilité d'utiliser une force européenne est désormais inscrite dans les travaux de l'Union.

«*Armée sur catalogue ou force placée aux ordres d'un commandement désigné une fois pour toutes, voilà toute la différence[12]*», écrivait un collaborateur du *Monde*, entre ce que l'Europe projette de réaliser et ce qui existe déjà au sein de l'OTAN.

Une politique économique commune?

Selon l'ancien premier ministre espagnol Felipe Gonzalez, l'adoption d'une politique monétaire commune est peu susceptible de résultats en matière de croissance et de compétitivité sans l'adoption d'une politique économique commune.

Des politiques éclatées de recherche et développement ne nous permettront pas de rattraper notre retard technologique face aux U.S.A. Notre politique extérieure sera disfonctionnelle par rapport à notre politique commerciale si cette dernière est formulée à Bruxelles et la première dans chacun des pays membres[13].

Les anciens dirigeants Giscard d'Estaing et Schmidt partagent cette opinion. Ils évoquent « un passage inachevé » :

> *En ce qui concerne l'euro, nous ne sommes pas d'accord avec le laisser faire de la Banque centrale européenne et l'absence de tout soutien des institutions politiques. Les Européens qui ont vertement critiqué les États-Unis pour ce type de politique à l'égard du dollar, devraient éviter de susciter le même tollé[14].*

Compte tenu de la mutation de la compétition mondiale à la suite de la révolution scientifique et technologique prévalant aux États-Unis, de la mutation de la politique fiscale américaine et de la globalisation de l'économie, l'effort de l'Europe doit porter plus loin, beaucoup plus loin ses effets.

Selon l'expression de l'ancien doyen de la Sloan School du MIT, Lester Thurow :

> *Le vieux continent n'a pas fait sa révolution culturelle et n'a pas encore réalisé que l'économie est devenue mondiale, qu'aucune frontière, qu'aucune réglementation ne peut arrêter le mouvement des capitaux, la circulation des investissements, des produits, le déplacement des chercheurs et des entreprises[15].*

Sévère, cette appréciation émise fin 1997 mérite sans doute d'être reformulée, notamment après les sommets européens de Lisbonne et de Stockholm. En effet ces rencontres ont produit des engagements d'importance : déréglementation des marchés dans les domaines des télécommunications, des services financiers, des transports et de l'énergie ; investissements accrus dans la formation continue, le financement de la recherche fondamentale et « les structures nouvelles » d'Internet. Bref, ces différentes rubriques conjuguées doivent produire une transformation radicale de l'économie européenne et la hausser au premier rang de la compétitivité mondiale. Pour gagner la « guerre électronique », l'Union européenne doit en effet se positionner avec force face aux États-Unis qui disposent d'avantages comparatifs majeurs :

- Premièrement, l'avantage découlant de l'avance chronologique, des bénéfices cumulés par les premiers occupants du nouvel espace digital global et du marché mondial des technologies de l'information et de la communication (TIC), bénéfices assurés aussi par le contrôle des grands organismes régulateurs des nouveaux systèmes d'information et de communication.

- Deuxièmement, l'avantage découlant du marché unifié américain, capable de cohésion dans des domaines majeurs là où l'Europe se présente toujours en ordre dispersé malgré certaines initiatives de la Commission. On pense notamment :

  - à la fiscalité éclatée dans le cas de l'Europe et largement concentrée aux États-Unis à l'échelon fédéral ;

  - au contrôle de la signature électronique dévolu à deux grandes sociétés américaines alors que pour l'Europe, le ou les certificats se comptent par milliers, sans égard pour une directive européenne visant la délivrance des certificats électroniques garantissant l'identité des clients ;

  - à la sécurité électronique, dont le contrôle en Europe est exercé par chaque État et aux États-Unis par une autorité unique. Il s'agit notamment de la protection des données personnelles, du pistage des internautes, ce gisement gigantesque de données.

La pratique américaine permet l'utilisation de ces données sauf objection des individus qui doivent se manifester. Une directive européenne de 1998 établit l'obligation d'obtenir le consentement explicite des internautes avant toute utilisation des données personnelles. Incompatibles, les deux philosophies ont fait l'objet d'une entente dite «Havre de paix» (2000) assujettissant les services américains en Europe à la directive européenne. Paradoxalement, cette entente est sous le contrôle du département du Commerce du gouvernement fédéral américain[16].

– Troisièmement, la nature du tissu des entreprises en Europe et aux États-Unis diffère profondément, même si l'évolution en cours sur le vieux continent élimine graduellement cette différence: de la structure de propriété à la proximité des entreprises avec les universités. Cette situation connaît une évolution certaine. Un nombre croissant d'entreprises et de banques européennes ont commencé à financer les chaires universitaires, notamment dans les domaines des technologies de l'information et du commerce électronique. Dans les budgets consacrés à la recherche et développement, le cinquième programme cadre (1998-2002) de l'Union européenne place au premier rang de ses priorités et des 23 actions clefs qui les concrétisent les domaines suivants: la société de l'information, les sciences du vivant, la croissance industrielle durable, auxquelles s'ajoute l'énergie et l'environnement. Des budgets consacrés à l'investissement corporatif dans les TIC, on note 16% en Europe entre 1990 et 1999 comparativement à 30% pour les États-Unis.

Ces positionnements ont évolué sur le vieux continent, d'où les vagues successives de privatisation, de restructuration, de fusion, voire de prises de contrôle hostiles. Sous les effets combinés de la globalisation des marchés et des capitaux ainsi que de l'internationalisation de la propriété des grandes entreprises, les monopoles nationaux européens sont éliminés les uns après les autres. Les blocs de contrôle sont progressivement remplacés par un actionnariat en expansion même si la pratique de protection grâce à des blocs d'actionnaires et des minorités de contrôle demeure importante[17].

Ces dernières années, des sociétés à dimension européenne s'imposent sur le continent et dans le monde. Bref, le mouvement qui a transformé le tissu industriel américain a rejoint le vieux continent.

Ce mouvement produit des effets certains. Dans certains domaines, il conforte des pôles industriels construits dans la longue durée tels les secteurs spatial et aéronautique dont nous avons traité précédemment. Créé en 1970, le consortium Airbus, dont on a remplacé le statut de groupement économique par celui de société à part entière, a imposé ses produits dans le monde et, depuis le début du nouveau siècle, «fait désormais jeu égal avec Boeing[18]». Fort de ses succès, Airbus a lancé au coût de 10,7 milliards de dollars le modèle A-380. On attend pour 2004 la sortie du A-380, plus imposant que le célèbre Boeing 747, et son exploitation pour 2006. Il représente un choix stratégique majeur en faveur des gros porteurs abandonnés par la société Boeing. Si les analyses de la société Airbus s'avèrent fondées, elle pourrait alors dominer le domaine des systèmes et des services aéroportuaires captifs de sa prépondérance. Dans d'autres domaines, les choix européens viennent en appui à des systèmes nouveaux.

Dans le secteur de la communication sans fil, qui pourrait compter un milliard d'utilisateurs en 2002, un grand nombre d'analystes placent l'Europe au tout premier rang de la compétition mondiale. La société Nokia contrôle plus du tiers du marché mondial. Vodafone s'impose au plan mondial comme opérateur de réseaux et Ericsson témoigne de l'incidence déterminante du choix d'un standard pour l'ensemble des pays membres de l'Union européenne. Parmi d'autres, ces sociétés sont en effet les bénéficiaires de la norme commune GSM. Les États-Unis, pour leur part, disposent de deux normes, GPRS et EDGE.

Enfin, certains choix européens visent à combler le retard du continent dans des domaines appelés à un avenir majeur, entre autres les biotechnologies.

La bataille est engagée. L'Europe se dote des outils d'intervention lui permettant de combler son retard et d'intégrer l'horizon digital global qui fait le succès de l'Amérique.

Le Conseil européen de Bruxelles (1993) demande à un groupe de sages de lui proposer des mesures spécifiques pour la Communauté et pour ses États membres. Déposé au Sommet de Corfou, le Rapport Baugemann[19] et le Livre vert de la Commission qui en découle fixent les quatre priorités suivantes: mise en place d'un cadre réglementaire, développement de réseaux, des contenus et des applications, examen des problèmes sociaux et stimulation des intervenants de la société civile[20].

Ces quatre priorités appellent une révision profonde de la politique de recherche de l'Union désormais regroupée par grands programmes: société de l'information, sciences du vivant, croissance industrielle durable, énergie et environnement. Cette réforme ne change cependant pas la nature éclatée de la recherche en Europe, l'incessante négociation entre les échelons national et communautaire, la dimension hautement bureaucratique de l'encadrement des initiatives[21].

L'espace européen de la recherche – l'expression est retenue par le Conseil européen de Lisbonne – se met en place, mais la nature du système politique qui régit l'Union le condamne à des lenteurs dans sa définition et son déploiement.

Si le traité de Rome (1957) ne fait aucune référence au domaine, le traité EURATOM, signé la même année, établit une première plate-forme commune de recherche dans le domaine nucléaire. S'y ajoutent successivement le premier programme-cadre de recherche et une politique de mobilité des chercheurs, le programme EUREKA (domaine de la micro-informatique) en 1985, et l'inscription dans le traité de Maastricht du programme-cadre comme responsabilité de la Commission. En fin de siècle, l'Union européenne cible sept domaines prioritaires : génétique et biologie, technologie de l'information, matériaux et nanosciences, aéronautique et aérospatiale, développement durable, citoyenneté et gouvernance dans une société du savoir.

Le concept global d'espace européen de la recherche est finalement consacré par le Sommet de Lisbonne (2000). L'ambition est considérable : devenir l'économie de la connaissance la plus compétitive et la plus dynamique du monde, capable d'une croissance économique durable accompagnée d'une amélioration quantitative et qualitative de l'emploi et d'une plus grande cohésion sociale.

Cet ensemble d'initiatives met certes en place les conditions d'une plus grande cohérence dans l'investissement, mais il ne suffit cependant pas à combler le retard européen, retard dans la formation de scientifiques, dans le ratio chercheurs/employés, dans la part des brevets, dans le pourcentage du PIB investi dans la recherche et le développement, 2,9 %, 2,6 % et 1,8 % respectivement pour le Japon, les États-Unis et l'Europe en 1995, proportions qui ont peu évolué depuis. Il ne suffit pas non plus de retenir en Europe les plus jeunes générations de chercheurs. Dans son évaluation de la politique scientifique européenne, Pierre Laffitte affirme que «*plusieurs centaines de milliers de chercheurs russes se sont installés aux États-Unis, mais aussi 50 000 ingénieurs anglais, 40 000 ingénieurs allemands et autant de Français[22]*».

Un pôle de puissance?

Quelles sont les conditions politiques susceptibles de concrétiser l'ambition de l'Union européenne telle que l'a définie le Sommet de Lisbonne?

Majeures, ces conditions nécessitent une réforme profonde des institutions européennes et la mise en place d'un pôle de puissance politique pour le continent. Si le sens de l'avenir de l'Europe fait l'objet de réflexions convergentes comme «formidable multiplicateur de puissance» – l'expression est du président Chirac – sa nature politique donne lieu à des analyses et à des propositions divergentes.

Cette communauté solidaire a vocation de rassembler des États-nations et non à se substituer à elles, selon le président de la République française[23]. En conséquence, il faut exclure la création d'un super État. Pour leur part, les leaders allemands, et notamment le chancelier Schröder et son ministre des Affaires étrangères, Joschka Fisher, n'excluent pas «*cet acte de refondation de politique délibéré, la création d'un État fédéral européen[24]*».

Le ministre Fisher donne sa vision de l'avenir:

L'élargissement rendra indispensable une réforme fondamentale des institutions européennes. Comment s'imaginer en effet un conseil européen avec trente chefs d'États et de gouvernements? Trente présidences? Combien de temps les réunions du conseil dureront-elles dans ce cas? Des jours, voire des semaines? Comment parvenir à trente dans le tissu institutionnel actuel de l'Union européenne, à concilier des intérêts différents, à adopter des décisions et encore à agir? Comment veut-on éviter que l'Union devienne définitivement opaque, que les compromis soient de plus en plus incompréhensibles et bizarres, et que l'intérêt manifesté à l'égard de l'Union par ses citoyens ne finisse par tomber bien en dessous de zéro?

Autant de questions auxquelles toutefois il existe une réponse toute simple: le passage de la confédération de l'Union à l'entière parlementarisation dans une fédération européenne que demandait déjà Robert Schuman il y a 50 ans. Cela veut dire rien de moins qu'un parlement européen et un gouvernement européen, qui exerce effectivement le pouvoir législatif et le pouvoir exécutif au sein de la fédération. Cette fédération devra se fonder sur un traité constitutionnel[25].

Pour sa part, le premier ministre britannique soutient qu'une simple déclaration de principe est suffisante et souhaitable et affirme que l'idée de constitution européenne ne répond à aucun besoin.

Comme on le constate, l'accord – voire les convergences minimales – apparaît encore incertain et peut-être même inaccessible.

Voici la représentation symbolique de l'Europe soumise à rude épreuve, quoique les partenaires européens aient dans le passé relevé des défis jugés impossibles en leur temps. On pense notamment:

– au choix considérable bien que non accompli de l'unité du continent;

– à la libéralisation du marché des capitaux (juillet 1990), à la création du marché unique (janvier 1992) et de la monnaie unique (janvier 1997 et janvier 2002);

– à la création d'une Banque centrale européenne unifiant les politiques monétaires des pays membres de la communauté et, en conséquence, conduisant à l'abandon des monnaies nationales en faveur d'une devise commune;

– à la substitution des États par la Commission européenne pour la défense des intérêts commerciaux des pays membres dans la négociation commerciale internationale;

– à l'autorité de la Cour de justice de Luxembourg dont les décisions ont prépondérance sur celles arrêtées par les juridictions nationales;

– à la proclamation d'une charte européenne des droits au Sommet de Nice (décembre 2000);

– à la décision de doter l'Union européenne d'une constitution prévue pour 2004, constitution clarifiant les missions et le fonctionnement de l'Union, le partage des pouvoirs entre les États membres et les institutions qui les rassemblent.

Voilà des acquis considérables de «souveraineté commune», mais on amorce à peine leur mise en convergence dans une constitution. Là réside la possibilité pour l'Europe de se constituer en pôle de puissance.

Marché commun, marché unique, monnaie commune, vote à la majorité qualifiée... le bilan n'est pas mince. La grande aventure commencée il y a 50 ans doit maintenant fonder son destin sur une union politique que préfigure la nouvelle prépondérance des Sommets européens face à la Commission depuis le départ de

Jacques Delors en 1994, la nomination de Xavier Solana comme porte-parole de l'Europe en matière d'affaires étrangères, l'initiative de doter la communauté d'une politique de défense et d'une politique étrangère commune et le renforcement du parlement européen.

Dans son étude consacrée à l'état de l'Union européenne, l'Observatoire français de conjonctures économiques note que la conjugaison de l'absence de gouvernement de l'Europe et de la montée en puissance d'institutions adémocratiques, c'est-à-dire irresponsables politiquement, pourrait faire évoluer l'Europe vers un avenir que personne ne souhaite :

> *Il ne nous semble guère imaginable que l'Europe, tout à son désir d'imiter les États-Unis, devienne la seule région du monde à n'être gouvernée ni économiquement ni politiquement*[26]

Pour que l'Europe soit forte sur la scène internationale, elle doit se démocratiser, disposer d'institutions transparentes et solides, de lieux de décisions légitimes et efficaces et d'une répartition des compétences entre « les différents niveaux du système européen », pour reprendre l'expression du président Chirac.

L'Europe ne pourra pas être forte avec des institutions faibles. Si les Européens relèvent ces défis, alors et alors seulement pourra se réaliser le vœu de puissance, de prospérité, et d'autorité égales à celle des États-Unis évoqué par le général de Gaulle voilà un demi-siècle. Dans cette hypothèse du dépassement du déséquilibre entre une Europe, géant économique et une Europe, nain politique, se posera la question de son rôle comme acteur global, de son rapport aux États-Unis d'Amérique, à la fois rivaux et partenaires.

Choisir l'Europe, pour certains, signifie se distancier de la première puissance mondiale. Choisir l'Europe, pour d'autres, signifie mettre en place les conditions d'un partenariat renouvelé avec les États-Unis et ainsi contribuer à maintenir dans la longue durée la supériorité de la sphère atlantique dans les affaires du monde.

Malgré ses progrès significatifs en vue de se constituer en puissance mondiale, l'influence et le destin du vieux continent demeurent ambigus et incertains.

Son ambition et sa place dans l'économie mondiale font de l'Europe l'un des pôles virtuels de l'équilibre et du rapport de force au plan global. Par ailleurs, les exigences géopolitiques de « sa sécurité », de même que sa conception des libertés, de la prépondérance du droit et de la nature fondamentale des valeurs démocratiques, la situent objectivement comme l'alliée de l'Amérique. Dans les contradictions de l'histoire et de son histoire, l'Europe a dégagé une constellation de valeurs dont elle est conjointement fiduciaire avec l'Amérique.

Au-delà de leurs désaccords sectoriels sur la gestion globale des affaires du monde, les tenants européens de l'approfondissement du lien atlantique dominent sur le vieux continent. Dans le cas de la Grande-Bretagne, cette option est historique. Dans celui de l'Allemagne[27], elle remonte au fameux traité de l'Élysée (1963) qui a scellé sa nouvelle alliance avec la France. Au texte commun, le Bundestag avait alors ajouté un préambule consacré à la relation avec les États-Unis dans le contexte de la construction de l'Europe. Cette référence inattendue dans un traité franco-allemand reflétait certes à l'époque le poids de l'URSS sur le continent et dans le monde. Elle réfère aujourd'hui à un ordre de valeurs communes et à l'intégration des économies de la zone atlantique.

Ces convergences ont quelque mal à se recomposer dans le nouveau contexte global prévalant à l'aube du XXIe siècle. L'Europe, dont certains des États ont dominé le monde depuis la Renaissance, doit reconnaître que d'autres mains portent désormais le flambeau, celles de l'Amérique prépondérante.

Cette puissance des États européens à l'échelle de la planète n'a plus cours. Les États-Unis exploitent cette puissance sans état d'âme, comme jadis les leaders européens, qui vise le maintien de la sécurité et de la stabilité globale, y compris au profit de l'Europe. «L'Europe post-moderne» a rejeté sa plus ancienne doctrine faisant de l'équilibre des puissances le concept central des relations internationales, concept qui a produit les conflits les plus globaux de l'histoire. Les États européens se sont ralliés à un autre concept, celui du rejet de la force et ont construit sur ce choix une communauté de sens et de reconnaissance. L'extension à l'échelle du monde de cette vision est manifeste dans un grand nombre de positions communes des Européens. Là réside peut-être ce que Robert Kagan désigne comme «*la cause la plus importante des divergences entre les États-Unis et l'Europe[28]*».

Quelle est la valeur réelle de cette extension du choix européen à l'échelle internationale dans le contexte troublé des rapports entre les nations et au sein des nations? Quelles sont ses limites? Peut-elle tenir lieu de «culture stratégique» pour toute situation? Peut-elle et doit-elle servir de cadre de référence dans l'ère nouvelle ouverte par l'implosion de l'Union soviétique et la révolution digitale? Que sera l'Europe en 2020?

La révolution digitale a secoué le vieux continent. Elle l'a forcé à de nouveaux exercices d'évaluation de ses capacités d'innover, de créer la science et la technologie, d'investir dans le développement de ses ressources humaines et de les conserver, d'attirer l'investissement et de soutenir l'émergence de sociétés commerciales capables de s'imposer à l'échelle mondiale.

Cette révolution pousse l'Europe à évaluer l'incidence réelle de ses politiques communes, notamment dans la recherche et le développement, mais aussi dans les secteurs industriels stratégiques de l'informatique, des télécommunications, des biotechnologies et de la défense.

Elle l'a conduite enfin à mesurer la fécondité de ses ressources institutionnelles et les résultats réels des convergences fondant l'idée et la réalité de la nouvelle Europe depuis un demi-siècle, soit depuis le traité de Rome de 1957.

Incontestables, profondes et durables, les répercussions de la révolution digitale sur le vieux continent n'ont pas fini de se faire sentir. Cependant leur réalité, sur les plans national et communautaire, illustre le dynamisme américain devenu un catalyseur puissant de l'évolution de l'Europe.

Que sera l'Europe en 2020? Une vaste zone de libre-échange orpheline de toute ambition géopolitique, ou une puissance dont le poids politique dans les affaires du monde sera «*à la mesure de son poids économique*[29]»? Une forteresse commerciale de grande étendue et de grande richesse ou un partenaire de l'Amérique? L'un des deux pôles de la puissance atlantique de demain?

Les travaux de la convention européenne tenue au Sommet de Laeken en décembre 2001, présidés par Valéry Giscard d'Estaing et devant servir à imaginer et à proposer une nouvelle architecture politique pour l'Union européenne, pourraient peser d'un grand poids dans le choix de ces avenirs possibles.

Quelles seront les valeurs communes et les institutions politiques et juridiques des 25 pays engagés dans l'aménagement de l'unité de leur continent? Comment fera-t-on le partage des pouvoirs entre le «centre» et les États constituants? Quelles seront les ressources fiscales de l'éventuel gouvernement européen[30]? Quels moyens prendra-t-on pour se doter d'une politique scientifique, technologique et industrielle intégrée, seule susceptible de s'opposer à l'investissement américain dans ces domaines stratégiques[31]? Quelle politique de défense[32] et quelle politique extérieure choisira-t-on d'appliquer?

Bref, l'Europe en 2020 sera-t-elle intergouvernementale ou communautaire, confédérale ou fédérale?

> *Si nous ne réussissons pas, écrit le Président de la convention, à nous mettre d'accord, après un an d'efforts, sur une solution réaliste, d'une audace raisonnable, des problèmes qui se posent à la grande Europe du XXIᵉ siècle, je ne vois pas bien qui réussira à le faire après nous. L'Union européenne glissera lentement, avec ou sans secousses, vers une organisation régionale des Nations Unies, tiraillée entre les désirs contraires de faire fonctionner un grand marché et de conserver des régimes de protection sociale et de prélèvement fiscal, différents. Elle se rassurera en se sentant protégée par l'ombrelle de l'OTAN, bien que la main qui tient le manche se déplace vers d'autres parties du monde. Oui, la convention européenne est bien la dernière chance de l'Europe unie[33].*

De l'Atlantique à l'Oural

Les travaux de la convention «*dernière chance de l'Europe[34]*» devaient d'abord viser à arrêter les contenus d'une éventuelle constitution pour le vieux continent. Ces contenus devront tenir compte de sa géographie si particulière:

– sa proximité physique et historique avec les civilisations du pourtour de la Méditerranée, le Proche-Orient et ses attaches avec les pays du Golfe, ceux de l'Asie du Sud, le Maghreb ouvrant sur l'immensité du continent africain;

– son partage du continent avec les nations slaves occidentales candidates à l'Union[35] et les nations

slaves méridionales entre la mer Adriatique et la
mer Noire ;

– ses voisinages au nord, de l'autre côté de la mer
Baltique et du golfe de Finlande avec les nations
slaves orientales, dont la Fédération de Russie,
ouvrant sur les vastes étendues et richesses de
l'Asie centrale.

Les événements actuels et à venir de cette vaste cou-
ronne de toutes les précarités sont et seront, d'une certaine manière, des événements européens. En reculant
sans cesse ses frontières extérieures communes, l'Union
européenne se rapproche de zones fragiles et incertaines.
Elle fait le pari de la maîtrise de flux nouveaux et considérables, d'un positionnement où seront mises à
l'épreuve ses forces et ses faiblesses.

De tous les États réellement ou virtuellement limi-
trophes de l'Union européenne, la Russie occupe une
place singulière, même si son poids réel dans les affaires
du monde n'est plus que l'ombre opaque de son
ancienne prééminence. La Russie digère lentement ce qui
lui est advenu, cette prostration venue de l'intérieur de
l'ancien empire soviétique et de son architecture idéologique, institutionnelle, économique et sociale[36].

Voici la Russie ramenée à elle-même, au chantier considérable de sa reconstruction intérieure et de son nouveau
positionnement extérieur. La voici gérant son rendez-vous
avec l'option démocratique, l'État de droit, une forme de
modernité qui lui ont échappé depuis des siècles[37]. La voici
à la recherche de sa place dans un monde transformé par sa
propre déroute, la révolution digitale et ses effets.

Moins de 15 années après cette déroute, la Russie
semble réconciliée avec la fin d'une longue séquence
historique de partage du monde en 2 camps, le dépassement de la division de l'Europe inaugurée à Yalta et la
nouvelle prépondérance américaine.

La Russie n'est plus une grande puissance. Son État central est mis à mal par les redoutables dirigeants régionaux; son arsenal militaire toujours monumental résulte de l'effort et de la technologie d'un autre âge[38]; son appareil scientifique hier encore puissant est aujourd'hui dégradé et dégarni d'une partie significative de ses ressources; son appareil industriel est cassé et son économie, en crise, comme en témoignent sa part dans la production mondiale, moins de 1,7 %, et sa part des investissements privés directs inférieurs de 50 % à celle reçue par Singapour.

Malgré cette prostration économique globale, la détérioration continue des conditions sociales, une corruption et une criminalisation endémiques, la Russie n'a pas renoncé «*à rester un protagoniste de premier plan sur la scène internationale[39]*».

La Russie bénéficie d'un sentiment diffus et largement partagé pour des raisons souvent contradictoires selon les protagonistes, sentiment défini comme suit par l'un des plus importants observateurs de la *Krisis* russe:

> *Il n'y aura pas de nouvel ordre international sans qu'ait été réglée la question de la place que la Russie doit y occuper[40].*

Les choix convergents d'un grand nombre d'acteurs de premier plan semblent donner raison à Bronislaw Geremek.

Voici la Russie à la table du G8. La voici présente dans les grands forums européens, notamment au Conseil de l'Europe et à l'Organisation pour la sécurité et la coopération, et partenaire avec l'OTAN dans un conseil créé en mai 2002 pour répondre à ses critiques sur le fonctionnement du conseil permanent conjoint de 1997. Les domaines de compétence du conseil OTAN-Russie sont vastes: de la gestion des crises à la lutte contre le

terrorisme, de la non-prolifération des armes de destruction massive au contrôle des armements, des sauvetages
en mer au plans civils d'urgence. La voici aussi candidate
à l'OMC pour 2005. Quelle place fera-t-on à la Russie
dans le nouvel ordre international ?

Cette place est encore incertaine. Elle dépendra, à
terme, du succès des réformes entreprises par le régime
du président Poutine, de la productivité de la nouvelle
économie privée qui s'enracine dans le pays de Lénine et
produit, depuis 1999, une croissance continue et suscite
l'intérêt des investisseurs internationaux.

Cette place tient et tiendra à l'intérêt des États-Unis à
liquider tous les vestiges de la guerre froide et à limiter les
effets du rapprochement de la Russie avec la Chine,
rapprochement scellé dans le fameux traité d'amitié de
juillet 2001, le premier depuis 1950 entre Moscou et
Beijing. Le commerce entre les États-Unis et la Chine
représente 12 fois celui liant la Russie et la Chine.

L'intérêt américain consiste aussi à se dégager d'obligations découlant des anciens traités liant les États-Unis
avec les fiduciaires de l'ancienne Union soviétique, de
l'abandon du traité ABM à la réduction de l'armement
nucléaire, pour ne citer que ces exemples. Il vise de plus la
destruction d'une partie significative des arsenaux
nucléaires et chimiques contrôlés par Moscou, la mise en
sécurité des réserves russes de plutonium et d'uranium, le
recyclage des équipes scientifiques russes hier encore
dédiées à la recherche et à la production militaire, le
contrôle « négocié » des exportations russes de matériaux
et d'équipements militaires aux États dits « délinquants ».
D'où les attentions multiples accordées par les États-Unis
au président Poutine et une volonté réaffirmée de
contribuer au succès de sa politique de réforme[41].

Cette place tient et tiendra à l'intérêt des Européens à
disposer d'un partenaire stable et solvable au nord du
continent, d'un partenaire dont l'appui apparaît indis-

pensable pour la stabilité à long terme de toutes les composantes de l'espace européen, de l'Atlantique à l'Oural. D'où les rapprochements nombreux et substantiels de l'UE avec Moscou.

Il y a également d'autres intérêts en jeu :

- sur le plan politique, la crainte de la résurgence du nationalisme à Moscou et les dérives que les forces politiques l'incarnant pourraient provoquer ;

- sur le plan économique, l'accès à un marché significatif, le deuxième pour les États-Unis en Europe, après l'Allemagne, marché pour les équipements informatiques, les équipements électriques, les équipements de transport, les produits plastiques et les médicaments ;

- l'accès aussi aux vastes ressources pétrolières et gazières de la Russie, les plus importantes en dehors de l'OPEP, ressources représentant 10 % des réserves mondiales connues en pétrole, 32 % des réserves connues en gaz[42] ;

- le besoin de partenaires pour investir, en particulier dans les oléoducs envisagés depuis le sud de la Sibérie jusqu'à la mer du Japon, depuis l'extrême est de la Russie jusqu'à la côte ouest américaine, aussi dans les gazoducs en direction du cœur de l'Europe et des côtes de la Chine.

La Russie dispose aussi d'une réserve considérable de ressources naturelles précieuses. Elle est première productrice mondiale de nickel, deuxième pour l'aluminium et occupe les premiers rangs pour le diamant et l'or. Ce positionnement explique le partenariat américo-russe annoncé à Moscou en mai 2002[43].

La Russie dispose d'atouts réels, dont la fameuse trilogie analysée par Robert Leguold : l'armement nucléaire, le droit de veto au Conseil de sécurité des Nations Unies et sa situation géographique unique entre l'Europe et l'Asie. Il ne faut pas oublier sa pugnacité et une certaine indépendance, l'une et l'autre découlant d'une culture de positionnement global[44].

L'appui déterminé de la Russie à la politique américaine contre le terrorisme à l'échelle mondiale, appui concrétisé par l'intervention décisive du président Poutine auprès de l'Ouzbékistan et du Tadjikistan pour que ces pays autorisent les forces américaines à utiliser leurs bases aéroportuaires dans la conduite des opérations en Afghanistan, a donné des résultats décisifs. Il a notamment libéré Moscou de toute critique américaine et européenne concernant la guerre finale en Tchétchénie et les politiques répressives et autoritaires déployées au plan national.

La recherche d'un nouveau positionnement global a conduit la Russie à se rapprocher de l'Ouest et notamment des États-Unis, dont elle ne peut contester la prépondérance de fait dans l'ensemble du dispositif mondial. Toutefois, ce rapprochement n'équivaut pas à une soumission définitive. Moscou poursuit ses objectifs et affirme ses intérêts au Caucase, en Ukraine, en Biélorussie et en Moldavie. Son activisme diplomatique vise à recréer un ensemble plus imposant qu'elle mène au nord-est du continent et une zone d'influence comme levier de son rôle dans les affaires du monde[45].

Sa volonté manifeste de rester active en Asie centrale, ses liens réaffirmés avec la Chine et l'Inde et son rapprochement spectaculaire avec les États-Unis, notamment depuis les événements de septembre 2001, rapprochement qualifié d'«alliance» basée «*sur les valeurs de la démocratie, du marché libre et de l'état de droit*[46]» par le président Poutine, participent de cette même recherche d'un nouveau positionnement global.

Moscou affirme son indépendance en se liant avec les pays composant « l'axe du mal » honnis par l'administration Bush : pacte économique avec l'Irak à la hauteur de 40 milliards de dollars, construction de 5 réacteurs nucléaires en Iran, négociation avec la Corée du Nord visant à utiliser son système ferroviaire en vue de prolonger les routes empruntées par le Transsibérien jusqu'au cœur de la Corée du Sud. Cette formidable extension renforcerait le rôle de la Russie comme intermédiaire entre l'Europe et l'Asie.

Sur d'autres plans stratégiques, la Russie marque son indépendance et reconstruit son influence. Les ventes d'armes massives à la Chine et à la Corée du Sud constituent des illustrations de cette ambition. Elles manifestent les capacités technologiques de la Russie dans des secteurs stratégiques, dont le secteur spatial, et dans celui des biotechnologies, sa force de production étant certes diminuée mais toujours effective[47]. En effet, l'incidence de ce potentiel pourrait redevenir déterminante si la grande fédération réussit sa transition et, avec d'autres, cherche les conditions d'une nouvelle multipolarité dans la conduite des affaires du monde.

CHAPITRE VI

LES PERSPECTIVES ASIATIQUES

«Tu as vécu trop longtemps à New York, lui
ai-je dit. Il existe d'autres mondes et d'autres
rêves.»

Arundhati Roy

Contrairement à l'Europe, aucune des grandes zones
qui forment l'Asie ne dispose d'institutions communes susceptibles de développer une réponse communautaire aux enjeux et aux défis posés par la troisième
révolution industrielle.

Certes, l'APEC, l'ASEAN et l'Association de l'Asie du
Sud ont inscrit cette priorité à leurs délibérations et programmes de coopération, la Banque asiatique de développement, à ses analyses et propositions, les États, à leur
politique nationale et les entreprises, à leurs stratégies de
gestion, d'investissement et de production[1].

Ces entrées multiples ont produit des effets significatifs dans la région la plus étendue du monde où vit une
majorité de la famille humaine. Par ailleurs, elles sont
loin d'épuiser les analyses concernant la révolution digitale et ses effets globaux sur la zone asiatique. Nous avons
précédemment fait référence aux travaux stratégiques
conduits par la Chine dans le domaine spatial et dans
celui des nouveaux matériaux, à ceux conduits aux Indes

dans le domaine des sciences de la vie, pour ne citer que ces exemples. Nous examinerons plus avant la place occupée par les économies asiatiques dans le dispositif digital global.

Les effets de la troisième révolution industrielle ont profondément marqué l'Asie. Dans le cas de l'Asie du Sud-Est, des exercices significatifs d'évaluation et de convergence concernant l'importance des TIC et leur appropriation ont été engagés. Pour sa part, l'Inde a réussi à maîtriser les sciences et les technologies du domaine et leur application industrielle. La Chine, quant à elle, a procédé à une mise à niveau spectaculaire et inachevée du domaine.

Dans le cas du Japon, la révolution digitale a produit l'un de ces moments de replis stratégiques et d'approfondissement de la recherche qui, au-delà des difficultés actuelles du pays, pourrait dans les années qui viennent le ramener à des niveaux élevés de performance et d'influence. La référence américaine domine ces analyses et décisions. Elle s'impose aussi dans les travaux des intellectuels et des chercheurs asiatiques désireux d'éclairer l'horizon digital global, les mythes fondateurs et le cadre conceptuel qui le constitue, la référence au modèle américain et son extension à l'échelle du monde.

Kuan Yew Lee, le «père fondateur» de Singapour, analyse les rapports entre démocratie et universalité[2], l'incidence de l'Ouest sur l'Asie, le concept de la fin de l'histoire dans une Asie qui émerge, la place centrale de la culture, les conditions du développement où, à son avis, capital et savoir, technologies et commerce ont l'importance de fondements. Dans un ouvrage percutant, *Can Asians think?*, son compatriote Kishore Mahbubani renverse la partition de la globalisation et se demande «*ce que le reste peut apprendre à l'Ouest[3]* ».

Dans l'esprit des analyses d'Ibrahim Anwar, analyses consacrées à la renaissance asiatique, Mahbubani cherche à démontrer l'insensibilité de l'Ouest à la profonde évolution culturelle de l'Asie, à mesurer l'effet premier de la globalisation, ce flux d'idées, de valeurs et de personnes dont les conséquences majeures sont de mettre fin à la domination occidentale sur la planète. Il récuse le positionnement de l'Ouest, son statut de supériorité morale autoproclamé à partir duquel il interpelle le monde, «position prétentieuse» accentuée depuis la fin de la guerre froide[4].

À l'idée dominante voulant que toute la famille humaine en viendra à s'intégrer dans le système occidental et à adhérer à ses valeurs, Mahbubani oppose la conviction et la confiance d'un grand nombre d'Asiatiques convaincus que leur civilisation atteindra prochainement un niveau de développement égal à celui de l'Occident et qu'elle apportera une contribution équivalente à la croissance de l'humanité.

Cette conviction, cette confiance et cette croyance découlent de la certitude que le centre de gravité de l'économie mondiale se déplace vers la région Asie-Pacifique et que la Chine y occupera le premier rang à l'horizon 2020. L'OCDE concourt à cette assertion et situe l'économie chinoise au premier rang, à cette même date, en matière de pouvoir d'achat, et au troisième rang mondial en volume d'activités après les États-Unis et le Japon. Elles découlent aussi des rapports démographiques actuels et à venir, de l'abandon par l'Ouest des zones sous-développées du monde et du déclin des valeurs occidentales en Occident[5].

Elles découlent enfin des «forces irréversibles de la globalisation», ces vrais moteurs du changement au XXIe siècle, et notamment des nouveaux outils technologiques désormais disponibles pour tous. Ces changements sont d'ordres économique et culturel. Ils constituent de véritables ruptures avec le système prévalant dans l'ère préglobale.

Ces forces ont notamment fait passer à des niveaux hier encore inconnus la réalité de l'interdépendance, comme la crise des économies asiatiques l'a démontrée, la solidité du système global étant désormais limitée par la fragilité de chacune de ses composantes.

Ces forces font varier de façon substantielle le poids respectif des uns et des autres dans le système global. Elles modifient le poids de certains pays asiatiques qui ont intégré des dizaines de millions de leurs habitants dans l'ère moderne. C'est le cas des deux pays les plus peuplés du monde, l'Inde et la Chine.

Ces forces, et notamment les nouveaux outils technologiques, constituent de formidables leviers pour la redécouverte et le déploiement des cultures asiatiques. Elles produisent déjà les matériaux d'une «renaissance» culturelle, renaissance illustrant à la fois *«la puissance de l'impact de l'Ouest dans le monde et les limites de cet impact sur l'esprit des autres peuples*[6]*»*.

De ces divers constats, Mahbubani tire les conclusions suivantes :

– Sur le modèle de l'univers Internet, notre monde est devenu interactif et susceptible d'entrées multiples venant de tous les horizons. Contrairement aux thèses de J. M. Roberts affirmant la prépondérance des valeurs occidentales sur le monde[7], celui que le *Washington Post* a qualifié de «Max Weber» de l'Asie soutient que cette prépondérance est une donnée du passé et qu'elle s'estompera dans l'avenir. Si, à son jugement, certains des acquis de l'Occident ont vocation à l'universel – technologies nouvelles, progrès en médecine, prépondérance du droit –, ces acquis seront intégrés à des systèmes de valeurs et à des systèmes politiques propres aux sociétés asiatiques.

– La transition à venir sera difficile et complexe pour
l'Occident. Elle se déploiera dans la durée du nouveau siècle. Elle devrait conduire à une recherche
commune de normes morales partagées définissant les comportements acceptables à l'échelle
globale. La fameuse théorie de Samuel Huntington
annonçant l'affrontement entre les civilisations ne
trouve pas ici preneur. L'auteur de *Can Asians
think?* se fait une autre idée des capacités de l'humanité à vivre ensemble et à assumer ses différences.

Parmi de nombreuses autres analyses concernant les
nouveaux rapports entre l'Asie et l'Occident dans la
nouvelle ère globale, celles d'Arundhati Roy méritent
une mention, même brève[8]. Elles expriment un sentiment d'hostilité hautement répandu en Asie à l'endroit
des institutions financières multilatérales, « ces instruments de la domination occidentale » dont Mahbubani
annonce la fin.

L'intégration économique de l'Asie

Divers événements de grande portée illustrent l'intégration des économies asiatiques dans la nouvelle
configuration globale, leur capacité de participer à la
consolidation de ses assises et de son déploiement technologique.
Certaines appartiennent au « passif » du bilan de cette
intégration. On pense notamment à la crise des économies asiatiques en 1997-1998 et à ses effets sociaux
dévastateurs, crise identifiée à la première manifestation
des limites du nouveau système mondial.
De ces événements, qui ont ébranlé la plupart des
sociétés de l'Asie du Sud-Est, se dégagent certains

enseignements d'ensemble concernant les risques considérables de l'économie financière globale et le besoin d'en maîtriser le fonctionnement: de la pertinence et de la qualité des interventions des institutions financières multilatérales (Banque mondiale et FMI) à l'urgence de leur réforme, ou encore de la capacité de la Chine à exercer un rôle majeur de pondération contribuant ainsi à la stabilité de la grande région. (Il s'agit de la promesse chinoise de ne pas dévaluer le yuan, promesse tenue et qui a valu à la Chine un respect certain.)

Outre ses effets sociaux et économiques, cette crise a fourni de nouveaux arguments à ceux qui plaident pour des mécanismes d'encadrement des flux de capitaux dans le nouveau marché global. L'effet domino qui a porté la crise de l'Asie du Sud-Est vers la Russie, le Brésil et même les États-Unis, qui se sont protégés par une baisse massive des taux d'intérêt, a convaincu un grand nombre, y compris au sein de la Banque mondiale et du FMI, que les opérateurs du marché global n'ont ni l'intérêt, ni la volonté, ni les moyens d'assurer l'autorégulation du domaine. On évoque souvent dans ce contexte les modèles indien et chilien, soit le dépôt d'un pourcentage de chaque investissement dans un fonds national de réserve. Cette politique a pour effet d'augmenter la mise des investisseurs, d'arrêter les conditions de leurs transactions et de les amener, en conséquence, à évaluer avec plus d'exigence la validité de leurs choix.

La crise des économies de l'Asie du Sud-Est a aussi montré la limite du «miracle asiatique», protectionnisme voilé, réseaux et systèmes nationaux de financement opaque. D'autres illustrations appartiennent au volet de l'«actif» du bilan de l'intégration des économies asiatiques dans la nouvelle configuration globale[9].

Sur le plan des institutions, l'entrée de la Chine à l'OMC lui procure une légitimité sans précédent et un équilibre mieux ajusté à la vérité du monde, équilibre qui

lui a fait défaut depuis sa création. Les zones en développement du monde devraient normalement bénéficier de
cet équilibre comme elles ont bénéficié du poids de l'Inde
dans la saga qui, de Seattle à Doha, a bloqué puis ouvert
la seconde négociation commerciale multilatérale.

Sur le plan de l'investissement des capitaux privés
directs, la Chine bénéficie des flux les plus imposants en
direction des pays en développement de l'histoire
contemporaine. Certes, ces flux se sont produits au
détriment des partenaires traditionnels de l'Ouest en
Asie. Il reste que dans une perspective globale, l'Asie n'a
pas été exclue d'un mouvement de grande portée. Au
contraire, elle en a été le premier bénéficiaire[10].

Enfin, puisqu'il faut choisir, les effets sur l'Asie de la
croissance continue de l'économie américaine dans la
dernière décennie du XXᵉ siècle se sont révélés considérables. Durant cette période, les États-Unis sont devenus
la première destination pour l'exportation de 10 des
principales économies asiatiques sur 12 (Chine, Taiwan,
Japon, Inde, Singapour, Malaisie, Pakistan, Philippines,
Irak et Thaïlande) et la deuxième 1 fois sur 12 ; la première source d'importations 5 fois sur 12, la seconde
3 fois sur 12 et la troisième 2 fois sur 12[11].

Ce niveau d'intégration a notamment conforté la
position stratégique indiscutable de l'Asie dans la
structuration globale de l'ère digitale. Si les États-Unis et
le Japon demeurent les moteurs du commerce asiatique,
la Chine occupe une place de plus en plus significative.
Le rythme de croissance de son commerce avec les pays
asiatiques est plus élevé que celui du Japon entre 1960 et
1975, période considérée comme exceptionnelle. Selon
les analystes du Brookings Institute, la Chine, sur le plan
commercial, constitue une menace à la domination
japonaise en Asie[12].

L'Asie digitale

L'Asie occupe avec les États-Unis le tout premier rang dans la production des équipements informatiques (ordinateurs et systèmes réseau). Dans le secteur de la production, le Japon et Taiwan occupent respectivement les deuxième et troisième rangs après les États-Unis. Pour l'an 2000, on a estimé à 40% la part du PIB de l'Asie découlant des produits informatiques. Au jugement de Craig Addison, l'alimentation du secteur en provenance de l'Asie a l'importance de l'alimentation en pétrole en provenance du Koweït[13].

Des progrès sectoriels majeurs renforcent ce positionnement. On pense à la croissance spectaculaire de l'exportation de logiciels produits aux Indes, de 600 millions de dollars en 1995 à 37,6 milliards de dollars en 2000. On pense aussi au mobile de la nouvelle génération donnant accès à Internet dont la production est dominée par le Japon, suivi de loin par l'Europe et les États-Unis[14]. Le principal opérateur de ce mariage entre la téléphonie mobile et Internet au Japon, NTT DoCoMo annonce la mise en place d'une alliance panasiatique visant à étendre ce service à l'ensemble de la grande région.

L'entrée de la Chine dans le secteur de la production d'équipements électroniques au tournant du millénaire se révèle également déterminante. Elle conjugue des investissements propres, publics et privés et ceux des principaux équipementiers du secteur à l'échelle mondiale. À la suite d'une décision de la Commission du développement et de la planification en janvier 2000, les entreprises du secteur privé opérant en Chine bénéficient désormais des mêmes droits que les entreprises du secteur public.

À côté de la Japonaise NEC qui, avec une société chinoise, conduit la plus importante société informatique en Chine, évoluent d'autres producteurs avec des moyens considérables[15]. Mentionnons Motorola[16], IBM, INTEL, et le consortium dirigé par le fils du président de la République chinoise et l'héritier de l'un des industriels les plus renommé de Taiwan. En novembre 2000, ces deux partenaires ont annoncé un investissement de 1,6 milliard de dollars pour la construction d'une usine à Shanghai. En parallèle, l'offre de service en matière d'accès à Internet à partir des mobiles de la nouvelle génération se multiplie. Fin 1999, la China Telecom annonçait des investissements de l'ordre de 9,2 milliards de dollars et forçait la China Mobile Telecommunications Corporation à hausser ses prestations et à créer un consortium avec la société Nokia – la société SOHU.com.inc.

Cette effervescence dans l'investissement et la production des équipements informatiques s'explique par les extraordinaires dimension et vitalité du marché chinois. On estime à 20 % la croissance annuelle de la demande de « puces » compte tenu de leurs applications dans les composantes informatiques. De l'automobile au téléphone sans fil, pour ne citer que ces exemples, la Chine devient le marché le plus porteur du monde. Elle occupe déjà le premier rang pour les appareils télévisuels, le second pour les mobiles de la nouvelle génération. Dans ce dernier cas, la croissance exponentielle du domaine, de l'ordre de 60 % par année, la hissera au premier rang en 2005 avec près de 240 millions d'usagers dont 40 % disposeront d'une connexion Internet[17]. Pour l'ensemble de l'Asie du Nord et de l'Asie du Sud-Est, le nombre des usagers pourrait atteindre 512 millions en 2005 comparativement à 209 millions en l'an 2000.

Si la Chine, le Japon, la Corée du Sud et Taiwan représentent aujourd'hui respectivement 33,5 %, 27,9 %, 14,2 % et 7,6 % du marché, ils représenteront, en 2005, respectivement 46,7 %, 22,2 %, 8,6 % et 4,1 % de ce même marché. Par ailleurs, outre la vitalité de ce marché immense, d'autres explications viennent enrichir les forts mouvements d'investissements dans le secteur des équipements informatiques : disponibilité et qualité d'une main-d'œuvre spécialisée, niveau de rémunération équivalent au quart des coûts de la main-d'œuvre dans la zone industrialisée du monde, abondance de ressources en eau et en énergie dans les provinces côtières et spectaculaires gains de productivité depuis 1978[18].

Ces avantages comparatifs permettent à la Chine de satisfaire en grande partie les immenses besoins de son marché intérieur. Ils pourraient demain la propulser au rang d'acteur majeur sur le marché mondial. Bref, il pourrait se produire dans ce domaine un renversement semblable à celui observé dans d'autres secteurs, la montée de la Chine comme exportatrice de technologies au détriment d'autres nations asiatiques[19].

L'entrée de la Chine à l'OMC devrait normalement avoir un effet majeur sur les volumes d'investissements, de commerce et de croissance dans ce pays et en Asie. À Hong Kong, la demande pour des services financiers, comptables et légaux devrait augmenter, de même que pour ses industries de services dans les domaines des transports et des communications. À terme, ces avantages comparatifs s'estomperont, la Chine développant un secteur propre. Ce faisant, la Chine pourrait enrichir ses parts du marché en Europe et en Amérique aujourd'hui occupée par d'autres pays asiatiques.

Plus largement, l'intégration de la Chine à l'OMC constitue un levier puissant pour les indispensables réformes des secteurs publics de son économie des communications, de la culture et des loisirs. Selon les analystes de la Morgan Stanley à Hong Kong et du Brooklyn Institute à Washington, les volumes d'investissements privés directs devraient normalement croître compte tenu du consentement de la Chine aux règles globales et à sa politique récente visant à étendre au centre et à l'Ouest les bénéfices de la croissance réservés, dans un premier temps, aux provinces côtières de l'Est.

Avant cette ouverture, la Chine a reçu 350 milliards de dollars en investissements. Ces derniers ont crû de 40 milliards annuellement depuis 10 ans, la plaçant au deuxième rang mondial après les États-Unis, et à compter de 2002 à parité sinon au premier rang mondial. Ce niveau d'investissements étrangers apparaît considérable, et il l'est en effet. Cependant, il représente un peu moins de 10 % de l'investissement total. Dans une étude percutante produite pour l'OCDE, Sylvie Démurger note que *« le mode de développement de la Chine demeure relativement indépendant du monde extérieur*[20] *»*.

Les investissements propres effectués par la Chine, enrichis de ceux de la communauté internationale, ont produit des effets massifs en regard des exportations. Dans la décennie de 1990 à 2000, les investissements ont atteint 475 milliards de dollars, soit une croissance sept fois supérieure à celle du volume du commerce mondial. Enfin, ces facteurs combinés devraient normalement soutenir la croissance au niveau actuel (7 %) entre 2001 et 2006 et la porter à près de 9 % entre 2006 et 2015. Ces projections situent l'économie de la Chine en 2020 au troisième rang après l'économie des États-Unis et celle du Japon.

La solide implantation des technologies de l'information en Asie commande des investissements d'envergure. À titre d'exemple, l'installation d'un vaste réseau de câbles de fibre optique dans la mer du Sud de la Chine et sur la côte asiatique de l'océan Pacifique. Les finalités de ces grands travaux sont triples : répondre à la demande croissante de services Internet, plus 685 % en 2000 pour la circulation intra-asiatique, plus de 288 % entre l'Asie et l'Amérique du Nord ; assurer la fluidité des communications, souvent mises à mal par la limite objective des équipements de transmission, et enfin réduire les coûts des communications. En 2000, ces derniers étaient 40 fois plus élevés pour les services intra-asiatiques que pour les services transatlantiques[21].

L'effervescence du secteur et sa croissance spectaculaire ont aussi provoqué des fusions et des alliances industrielles de grande portée. On pense à l'aventure de la Pacific Century Cyber Works (PECCO) de Hong Kong, devenue en quelques mois, par de nombreuses acquisitions, la troisième société Internet au monde après American On Line et Yahoo[22].

Dans les domaines des produits et services informatiques, le consortium formé en 2001 par la société Zensar Technologies Ltd de Bombay et la Han International Consulting Co. de Hong Kong mérite une mention spéciale. Il annonce un rapprochement certes modeste mais prometteur entre les industries indiennes et chinoises du domaine[23].

Ces initiatives appartiennent à une nouvelle ère dans l'histoire de l'Asie. À travers les TIC et d'une manière sectorielle et limitée, elle commence à s'envisager comme un ensemble à côté des autres grands marchés mondiaux.

Le projet de la Banque asiatique de développement d'émettre des obligations sur le marché chinois appartient à la même évolution, dans ce cas le développement d'un marché asiatique des obligations. Ce projet permet de rappeler l'importance de l'épargne des particuliers en Chine, épargne établie au milieu de 2001 à plus de 800 milliards de dollars. L'accès à ce capital par le secteur privé a et aura un effet d'entraînement majeur. À la fin de 2000, ce sont 50 millions de citoyens chinois qui possédaient des actions en bourse et les 2 places boursières de Shanghai et Shenghem connaissaient le plus fort taux de croissance des bourses asiatiques[24].

L'Asie comme puissance

L'idée d'une communauté de destin pour les pays asiatiques, sur le modèle de l'Union européenne, semble bien distante même si certains en parlent périodiquement comme d'une nécessité découlant de l'évolution de l'économie désormais globalisée. Nos témoins Kuan Yew Lee, Ibrahim Anwar et Kishore Mahbubani l'ont évoquée sous des formes diverses en écho à la prédiction du grand écrivain japonais Yasunari Kawabata voulant que « *le XXIe siècle soit le siècle de l'Asie*[25] ».

Pour Ibrahim Anwar, la globalisation des économies asiatiques les conduit à déterminer un agenda régional commun comme levier d'un développement de plus en plus intégré. L'émergence de blocs régionaux en Asie constitue, à son jugement, le prélude à un éventuel positionnement asiatique global[26].

Prenant le relais de cette analyse, Mahbubani rappelle que l'Asie est le théâtre d'un rapport de pouvoir sans équivalent dans le monde, entre le Japon et la Chine, entre la Chine et les pays de l'Asie du Sud-Est, entre la Chine et les États-Unis et, pour cette puissance, entre l'impulsion de la zone atlantique et l'impulsion de la zone pacifique[27]. Selon lui, l'architecture à venir du monde sera déterminée par ces rapports de pouvoir compte tenu des données suivantes :

- La part de l'Asie du Sud-Est plus le Japon dans la production mondiale est de 24 %, à égalité avec celle des pays membres de l'ALENA, alors qu'elle ne représentait que 4 % en 1960.

- Près de 50 % de la croissance mondiale se situe en Asie. Depuis 1978, des 10 économies ayant enregistré le plus haut taux moyen de croissance, 6 appartiennent à la zone asiatique[28].

– En 2000, le PIB des 2,5 milliards de personnes vivant en Chine, en Inde, au Japon et en Asie du Sud-Est équivaut à 50 % de celui des 800 millions de personnes vivant en Europe et en Amérique du Nord. En 2025, le PIB asiatique pourrait être deux fois plus élevé que celui des « Euro-Américains ».

– En 2000, le commerce transpacifique totalisait 330 milliards de dollars, 50 % de plus que le commerce transatlantique. En 2010, ce ratio pourrait être de 2 à 1.

Telle est la force de l'implosion de la zone pacifique. S'y ajoute une formidable mise en comparaison de la situation de l'Europe avec celle de la zone Asie du Sud-Est au profit de cette dernière, en raison notamment « *de la supériorité de ses choix stratégiques et politiques*[29] ». Quel avenir attend l'Asie ? Quelle place et quel poids aura-t-elle dans le dispositif global ?

Les travaux des analystes chinois constituent une référence essentielle pour répondre à ces interrogations. Des débats entre les orthodoxes et les réformistes se dégagent les propositions d'ensemble suivantes.

– La prépondérance américaine est assurée pour le premier tiers du XXIᵉ siècle. Aucune autre nation ne peut prétendre jouer un rôle équivalent à celui des États-Unis. Seule l'Amérique peut décider d'intervenir dans toutes les régions du monde avec la possibilité d'en infléchir les choix et les décisions. En conséquence, la structure actuelle des rapports de pouvoir se maintiendra jusqu'aux années 2030, soit un pouvoir prépondérant, celui des États-Unis et quatre pouvoirs de second niveau, ceux de la Chine, du Japon, de l'Europe et de la Russie, avec chacun un niveau de capacité équivalente. Cette structure «pluraliste» sera durable. Elle ne peut être identifiée à une étape de transition vers la multipolarité. Cette dernière s'imposerait cependant si la Russie, la Chine ou le Japon se dotait de moyens militaires de la nature de ceux qui font aujourd'hui la supériorité américaine.

– Pour les quelques décennies à venir, aucune nation n'est susceptible d'émerger comme puissance capable de concurrencer les États-Unis et les quatre pouvoirs de second niveau.

– Pour la même période, il est peu probable qu'une guerre d'envergure éclate dans le monde en raison notamment de l'interdépendance économique découlant de la globalisation[30].

Certes, ces propositions d'ensemble ne font pas l'unanimité. Les analystes orthodoxes chinois fondent leurs études sur le déclin des États-Unis et les limitations de leur puissance militaire par ailleurs incontestée.

La place de l'Asie dans le dispositif global dépendra en partie de l'évolution de la science, des technologies et de l'économie aux États-Unis dans les deux prochaines décennies, ces fondements de sa prépondérance dans les affaires du monde. Elle subira aussi les effets de l'évolution des rapports au sein du nouveau triangle Washington-Beijing-Tokyo.

Elle dépendra aussi des contenus du partenariat entre les États-Unis et la Chine, un partenariat agité mais en croissance continue et qui atténuera graduellement le poids de Taiwan dans l'équation sino-américaine. L'Asie centrale où se déploient aujourd'hui les intérêts économiques et la puissance militaire américaine aux frontières de la Chine, dans les républiques du Kazakhstan, Ouzbékistan et Afghanistan, se substituera vraisemblablement à Taiwan comme enjeu entre la première puissance mondiale et la première puissance asiatique. La présence militaire américaine en Asie s'est accentuée depuis septembre 2001. D'abord justifiée par les traités de sécurité Japon-États-Unis, elle s'installe sur le «second front» découlant des accords «d'appui logistique mutuel» entre les Philippines et Washington aux confins des océans Indien et Pacifique et du golfe Persique.

La place de l'Asie évoluera aussi selon les rapports de puissance en Asie même et notamment entre de la Chine et le Japon, lequel a vu sa position changer depuis la fin de la guerre froide. Malgré des difficultés historiques et culturelles, ces relations ont progressé ces trois dernières décennies et produit, en 1972, le traité sino-japonais de paix et d'amitié.

Pour terminer, elle dépendra du développement des projets de convergence et des propositions d'aménagements institutionnels qui émergent épisodiquement de la grande région. On pense notamment à la présence du Japon, de l'Inde et de la Chine aux multiples tables de l'ASEAN, à la volonté de travailler en caucus asiatique au sein de l'APEC, dont l'avenir semble moins prometteur que celui de la zone de libre-échange proposée par la Chine aux 10 pays membres de l'ASEAN (Brunei, Indonésie, Malaisie, Philippines, Thaïlande, Viêtnam, Birmanie, Cambodge, Singapour et Laos)[31].

En suivi des coopérations régionales inaugurées par la Chine dans plusieurs domaines dont le domaine spatial, cette dernière propose un large éventail de travaux communs dans les domaines scientifiques et technologiques[32]. Le premier ministre de la Malaisie a sans doute exprimé le sentiment d'un grand nombre en invoquant l'importance d'une telle communauté «*afin d'équilibrer le développement mondial, et pour la région de pouvoir défendre ses intérêts plus efficacement*[33]».

Si, dans les prochaines décennies, des institutions communes émergent en Asie, elles s'inscriront dans un schéma voisin de celui qu'offre la Chine aux autres pays de l'Asie du Sud-Est, les contradictions dominant les rapports des pays de l'Asie du Sud bloquant pour l'avenir prévisible tout projet communautaire dans cette région divisée contre elle-même. Il faudra résoudre la question du Cachemire notamment avant de pouvoir envisager une coopération régionale par ailleurs indispensable.

Ces propositions chinoises viennent en conflit avec la politique japonaise d'une présence forte en Asie du Sud-Est (l'économie du Japon représente plus de 55 % du PIB de la région, Chine comprise). Dans cette région l'économie nipponne occupe une place majeure dans l'investissement industriel et le secteur des services et où elle investit 75 % de ses importants budgets de coopération. Elles viennent aussi en conflit avec le projet « d'alliance » proposé aux pays de l'ASEAN par le Japon en 2000.

Au jugement de Fred Bergsten, ces différences s'estompent et les positions des uns et des autres se rapprochent[34]. Si ces mouvements n'ont pas encore suffisamment retenu l'attention, ils contribuent néanmoins à l'émergence graduelle d'un troisième bloc dans la configuration mondiale, le bloc asiatique à côté des blocs européens et américains. Ce bloc asiatique serait le plus actif après l'Europe et disposerait de mécanismes plus complets et plus diversifiés que l'ALENA : mécanisme monétaire régional et mécanisme de surveillance régionale pour prévenir et intervenir en cas de crises ; ententes commerciales multilatérales au plan régional et rapprochement avec la FTA regroupant l'Australie et la Nouvelle-Zélande.

Si ces mouvements se conjuguent dans le temps et produisent une communauté économique de l'Asie du Sud-Est, plus la Chine, le Japon et la Corée du Sud, cette communauté consacrerait le pouvoir de l'Asie dans les affaires du monde et ferait varier en substance l'ensemble des négociations internationales.

Le Japon et la Chine doivent aussi tenir compte d'intérêts difficilement conciliables concernant les immenses ressources de l'Asie centrale désormais ouverte à la compétition mondiale. Mentionnons la redéfinition de leur rapport avec l'Inde, désormais détentrice de la puissance nucléaire et disposant d'un secteur technologique, notamment dans les TIC, qui la situe à bon niveau dans la compétition régionale et globale[35].

Deux ouvrages récents résument les aspirations contradictoires de l'Inde. Das plaide pour la poursuite des réformes engagées en 1991 et pour un positionnement «libéral» dans la nouvelle ère globale. Sans nier la nécessité de certains ajustements, Kupta propose une «solution indienne» et un positionnement «national» dans la configuration mouvante du monde[36].

Nos deux témoins font référence aux mêmes besoins de croissance et de développement de la grande démocratie qui animent l'Asie du Sud et ses prolongements vers le Nord et l'Est. Mais le maître mot «réforme» recouvre des conceptions opposées.

Dans le premier cas, la révision radicale des politiques nationales concernant les mouvements de capitaux, la législation du travail, la restructuration des secteurs industriels, le contrôle et l'allégement des appareils publics, l'adaptation des législations et réglementations aux exigences de l'OMC constituent les composantes d'une appropriation large et franche du libéralisme dominant le nouveau dispositif global. Ainsi les grands domaines qui, ces dernières années, ont fait la nouvelle richesse de l'Inde (les TIC, l'exploration spatiale, la production pharmacologique, l'industrie des loisirs et de la culture) pourraient connaître un élan nouveau.

Dans le second cas, l'avenir de l'Inde, son rang dans la région et dans le monde dépendent de solutions propres, d'une solution nationale. Sans nier le besoin de prendre en compte le nouveau dispositif global, cette approche refuse toute soumission à des règles exogènes par essence inadaptées au génie, aux besoins et aux aspirations du sous-continent et l'invitant à se dissoudre dans une espèce d'uniformité problématique.

Irréconciliables, ces deux options nourrissent les débats politiques de l'Inde, inquiètent à l'Ouest et rassurent au Sud et placent l'Inde dans une situation peu favorable face à la Chine. Cette dernière, reçoit une part majeure de l'investissement direct étranger là où l'Inde n'en recueille qu'une fraction peu significative.

La Chine bénéficie de plus de transferts technologiques de grande portée sans commune mesure avec les transferts dont bénéficie l'Inde. Sous les apparences d'un positionnement raisonnable, elle conduit une politique de présence de plus en plus significative en Asie et dans le monde. Enfin, l'Inde doit gérer, et à grands frais, son implacable différend avec le Pakistan.

Le poids de l'Inde est loin d'être insignifiant dans le contexte global. Sa pugnacité et ses appuis à Seattle et à Doha l'ont installée dans une position de «minorité de blocage» là où la Chine donne l'impression de participer sans état d'âme à la consolidation de la nouvelle ère globale[37].

Les obstacles à l'intégration des économies et des nations asiatiques apparaissent toujours substantiels, des plus anciens antagonismes dans l'histoire aux craintes que suscitent la montée en puissance économique de la Chine et la rude compétition qu'elle fait subir aux économies des pays de l'Asie du Sud-Est et de l'Inde.

Par ailleurs, d'autres éléments font varier l'évaluation des avenirs possibles de l'Asie: croissance spectaculaire du commerce intrarégional, près de 50 % depuis 1997-1998; croissance limitant en partie la dépendance face aux marchés des autres grandes régions du monde; haut

niveau d'investissement interasiatique et particulièrement en direction de la Chine[38] ; méfiance vis-à-vis des
institutions financières internationales et tentation de se
doter d'institutions régionales illustrées par le projet
d'un Fonds monétaire asiatique, projet qui a conduit le
FMI à se doter d'une structure régionale d'intervention
dans la région ; inquiétude face au déploiement massif
des produits culturels américains et prise en compte de la
constitution de vastes blocs économiques dans les
Amériques et l'Europe.

Entre les thèses de Gérald Ségal ramenant la Chine
au rang d'un pouvoir moyen de second rang et celles de
Laurence Brahm affirmant le statut prépondérant de la
Chine, il apparaît raisonnable d'affirmer que le poids et
la place de l'Asie dans le monde sont et seront profondément marqués par ceux de la Chine en Asie[39].

CHAPITRE VII

LA FRACTURE GLOBALE

> « Les bienfaits de la mondialisation demeurent concentrés dans un petit nombre de pays à l'intérieur desquels ils sont inégalement répartis. »
>
> Kofi Annan

Deux milliards de personnes naîtront d'ici 2020, près de 90 % dans les zones sous-développées du monde, l'Asie du Sud, la Chine et l'Afrique subsaharienne. Dans ces vastes régions, en Amérique latine et en Europe centrale, près de trois milliards de personnes vivent dans des conditions de grande pénurie[1].

Leur univers se distingue radicalement du nôtre. Il a peu à voir apparemment avec les technologies nouvelles et la géopolitique à l'œuvre dans notre temps. Mais certaines de leurs aspirations, notamment en matière de communication, les relient aux mutations globales du domaine. Leur pauvreté est globale. Elle affecte tous les aspects de leur vie, individuelle et sociale, et frappe durement les femmes. Sous les pressions nouvelles, elle a récemment fait éclater les familles, contribué à l'affaissement des solidarités sociales traditionnelles, leur «ancienne police d'assurance», et agrandi leur isolement notamment face à des États lointains et sans lien avec ces multitudes.

Cet effondrement des structures et repères sociaux produit un environnement sans loi et l'augmentation de la violence et de la criminalité contre lesquelles les pauvres n'ont pas de recours.

Les pauvres évoquent tous une diminution de la sécurité dans les dix dernières années dans toutes les régions du monde, même si les motifs varient d'un continent à l'autre. En Afrique, cette insécurité nouvelle est étroitement reliée à l'affaissement de la production agricole affectée par les nouvelles variations climatiques. En Europe de l'Est et en Asie centrale, l'effondrement des États et le passage à l'économie de marché expliquent, à leur jugement, l'insécurité nouvelle. En Asie du Sud-Est, le manque de terre domine les préoccupations du monde rural. Dans les centres urbains, l'insécurité naît de la crainte d'être expulsé. En Asie de l'Est, la crise économique, la réfraction du marché de l'emploi et les conditions de travail expliquent le phénomène nouveau. En Amérique latine et dans les Caraïbes, le manque de sécurité, le crime et l'absence de développement économique sont évoqués².

Cette pauvreté est physique et psychologique. À l'absence d'infrastructures de base, de routes et de moyens de transport, s'ajoute la dégradation des sols qui amènent les gens à se déplacer vers des sites fragiles, la disette alimentaire et la pénurie d'eau, l'exploitation et les dénis de droits, l'arbitrage constant entre la satisfaction de besoins primaires, le manque de services d'éducation, de santé et de justice… Enfin, les pauvres ont une conscience de plus en plus aiguë de la richesse disponible ailleurs dans le monde.

Si le système international demeure en l'état, la proportion des pauvres pourrait s'accroître substantiellement. La Banque mondiale elle-même le reconnaît:

La combinaison d'une croissance économique lente et d'une croissance démographique plus forte a contribué au maintien du nombre de personnes – 1,2 milliard – vivant dans une pauvreté extrême, vivant avec moins de un dollar par jour. La répartition régionale de ces personnes a récemment évolué. Si leur nombre a diminué en Asie de l'Est, il a plus que doublé dans les pays d'Europe et d'Asie centrale et s'est accru d'une façon significative en Afrique subsaharienne. Ailleurs le nombre de personnes disposant de moins de 2 dollars par jour – une mesure plus adéquate de la pauvreté dans certaines régions – par exemple en Europe et en Asie centrale, a augmenté dans toutes les régions à l'exception de l'Asie de l'Est, de l'Amérique latine et des Caraïbes[3].

Les zones sous-développées pourraient comprendre demain les 10 pays les plus peuplés de la planète, représentant 50 % de la population mondiale, une quasi-majorité de personnes ayant moins de 20 ans, un grand nombre de mégapoles peuplées par plus de 15 millions d'habitants.

La rhétorique initiale accompagnant la globalisation annonçait l'entrée commune dans une nouvelle ère mondiale, l'accès universel à une croissance et à un développement partagés. Le premier terme de cette équation s'est avéré fondé ; le second est toujours en attente de sa réalisation.

Cette ère nouvelle a fait varier en substance les flux déjà existants et nourri des flux nouveaux dont les incidences matérielles et immatérielles bouleversent les rapports mondiaux. À cet égard, l'ère nouvelle est globale. Toutefois, compte tenu des inégalités dans le développement, elle a aussi conforté les inégalités socio-économiques et produit une fracture technologique profonde et explosive.

Que faut-il faire pour combler cette fracture ? Est-ce possible de le faire dans le système global actuel ? Est-il possible d'assurer l'inclusion des zones sous-développées du monde et de leur permettre de bénéficier des leviers de croissance et de développement propres à cette ère nouvelle? Quels sont les préalables requis pour une telle inclusion? La gouvernance mondiale telle qu'elle se présente peut-elle y contribuer ou au contraire constitue-t-elle un frein? Les seules lois du marché, telles qu'on les connaît, sont-elles susceptibles d'entraîner et de soutenir un tel mouvement? Quelle coopération, quelle aide publique au développement sont possibles dans ce contexte global?

Voilà les chantiers de réflexion que nous évoquons dans cette dernière partie de notre recherche. Ces questions, essentielles, résument les défis et les enjeux premiers de notre temps.

Les préalables

Les taux de croissance actuels, les règles dominant les échanges internationaux, la distribution des investissements étrangers n'ont pas mis en place les conditions de l'accès universel à une croissance et à un développement partagé. En effet, les pays «non membres de l'économie mondiale», pour reprendre l'expression de l'OCDE, sont demeurés largement exclus des effets de la troisième révolution industrielle, exclus des effets de la libre circulation des capitaux et de la libéralisation du commerce. Si l'ancienne dichotomie Est-Ouest n'a plus aucune correspondance dans la géopolitique à l'œuvre dans le monde, la dichotomie Nord-Sud paraît aujourd'hui amplifiée par ces exclusions cumulatives dans les domaines qui définissent l'élan actuel du monde.

En ce début de millénaire, les statistiques vitales de l'humanité expriment l'ampleur de cette dichotomie:

– 1,2 milliard de personnes disposent de moins de 1 dollar par jour pour vivre ;

– 56 % des habitants des pays en développement sont toujours privés des installations d'assainissement les plus élémentaires ;

– 1,5 milliard de personnes n'ont pas accès à un approvisionnement en eau et 2,2 milliards, à un approvisionnement en eau assainie. Selon les Nations Unies, advenant le prolongement des modes d'approvisionnement actuels, près de 5 milliards de personnes pourraient avoir de la difficulté à s'approvisionner en eau et la moitié d'entre elles pourraient connaître de graves pénuries[4] ;

– 2 milliards de personnes, soit un tiers de la population du globe, ne sont pas alimentées en électricité ;

– 50 % de la population mondiale n'a toujours pas accès à la téléphonie ;

– plus de 80 % des victimes de l'épidémie du VIH–sida vivent dans les régions sous-développées du monde ;

– 1 milliard d'hommes et de femmes sont analphabètes ;

– 840 millions de personnes connaissent la faim ou l'insécurité alimentaire, dont au moins 250 millions d'enfants ;

– 250 millions d'enfants de moins de 14 ans travaillent souvent dans des conditions dangereuses ou malsaines[5].

Nul ne plaide pour la restauration des outils qui, à une autre époque, ont servi au développement des zones développées du monde, même si les puissances n'hésitent pas à y recourir. Il s'agit de rechercher les conditions d'une intégration des pays et zones sous-développés qui, sans l'exclure, ne relèvent pas de la seule dimension marchande. Les nécessités d'une majorité des pays intermédiaires et des pays à faible revenu débordent et incluent tout à la fois cette seule perspective.

Il s'agit pour eux d'aménager les sociétés, en tenant compte des composantes de la globalisation et de l'intégration de l'économie mondiale. Il leur faut toutefois accorder la priorité aux impératifs fondamentaux des droits politiques, économiques et sociaux des citoyens, à l'impérieuse nécessité d'aménager des systèmes politiques et judiciaires crédibles, fiables et équitables, aux besoins de soutenir l'émergence d'un secteur privé, d'investir massivement dans le développement des ressources humaines et dans des équipements sociaux de base, investissements qui incluent aujourd'hui les technologies nouvelles.

Dans les zones sous-développées du monde, aucun gouvernement ne peut seul engager et réussir une telle politique. Cette dernière suppose un dialogue soutenu et fervent avec la société civile et l'ensemble des forces associatives qui l'animent.

Elle suppose des institutions suscitant l'adhésion commune, la pluralité des perspectives et le ralliement autour des positions majoritaires. Dans un grand nombre de cas, ces institutions ne peuvent constituer une copie conforme des institutions des pays occidentaux, elles-mêmes marquées par la plus grande diversité.

Le respect des valeurs démocratiques n'est certes pas négociable. Mais le mimétisme institutionnel est un piège redoutable. Les institutions incarnant ces valeurs doivent faire leur place aux réalités culturelle et sociale propres et aux traditions politiques dont certaines sont anciennes, efficaces et respectées.

Dans un contexte de sous-développement, penser l'aménagement des sociétés en fonction des seules requêtes des puissances présidant au mouvement de globalisation et d'intégration de l'économie mondiale est inconcevable. Les *best practices* sont d'abord pensées, définies et déployées en fonction de leurs intérêts, de leur propre planification et de leurs besoins insatiables de marché, de compétitivité et de profitabilité.

Les statistiques de l'OMC montrent qu'à la fin de 1995, le tiers du commerce international des biens et services était le fait des échanges entre sociétés mères et leurs filiales à l'étranger.

Par ailleurs, l'intégration des pays à faible revenu se bute au cadastre protectionniste des pays à revenu élevé. Dans son plaidoyer implacable, Aminata Traoré évoque *« la violence du système mondial et son dessein à la fois mercantile et déshumanisant*[6] *»*.

Enfin la localisation des investissements étrangers directs illustre, hors de tout doute, la logique strictement marchande présidant à la globalisation et à l'intégration de l'économie mondiale. Certains pays peuvent ignorer les fameuses *best practices* et les conditionnalités imposées par les puissances et les institutions financières multilatérales qu'elles dominent dans la mesure où, en regard de la taille de marché ou des ressources stratégiques, ils sont incontournables. D'autres peuvent faire état d'une vraie prise en compte de ces *best practices* sans tirer de vrais bénéfices de leurs efforts au titre notamment des investissements étrangers.

La logique de la globalisation et de l'intégration de l'économie mondiale découle d'abord des besoins des pays à revenu élevé. Ces derniers disposent de ressources humaines capables de maîtriser les paramètres convergents de la société du savoir. Dans le cas de pénurie de ces ressources humaines, ils ont les moyens de combler leur déficit en écumant les pays intermédiaires et les pays à faible revenu. Entre 1990 et 2000, 750 000 spécialistes des technologies de l'information œuvrant aux États-Unis venaient de l'extérieur et notamment de l'Inde, de la Chine et de l'Europe. Dans la même période, la quasi-totalité des pays industrialisés ont défini des politiques dédiées à l'importation massive d'une main-d'œuvre hautement spécialisée[7].

Les pays à revenu élevé disposent aussi des masses critiques pour la recherche (institutions publiques et privées, ressources humaines) capables de produire l'innovation, de mettre en place les systèmes et les équipements requis par l'ère nouvelle. De plus, ils peuvent mobiliser les capitaux nécessaires pour assurer ces productions et leur mise en marché au plan global. «*Un meilleur accès aux marchés ne suffit pas: il faut avoir les moyens d'en tirer parti[8].*»

Enfin, l'horizon de la nouvelle économie paraît indissociable des acquis cumulés dans la longue durée par l'«économie réelle». Ces conditions sont hors de portée pour la quasi-totalité des pays intermédiaires et des pays à faible revenu.

Une autre logique doit présider à leur appropriation des ressources offertes par la troisième révolution industrielle en matière notamment d'information et d'utilisation des sciences de la vie. Cette logique fait de ces ressources des leviers complémentaires de leurs choix prioritaires. Ces derniers visent à aménager leurs sociétés à partir notamment des fondements établis précédemment: droits politiques, économiques et sociaux des citoyens; aménagement de systèmes politiques et judiciaires crédibles, fiables et pérennes; maîtrise de l'ensemble des ressources publiques disponibles et organisation de l'espace privé; investissement massif dans les ressources humaines et les équipements sociaux de base, dialogue soutenu et fervent avec la société civile et l'ensemble des forces associatives qui l'animent.

Il faut récuser toute forme d'aide publique qui se pose comme maître du jeu et cherche à orchestrer l'ordonnancement des choix prioritaires des pays dits bénéficiaires.

Aucun pays n'est obligé d'investir dans l'aide publique au développement. Aucun pays n'est obligé d'accueillir l'aide publique au développement.

On peut même affirmer que certaines de ces aides publiques sont nuisibles dans la mesure où elles sécrètent une culture de la dépendance, imposent une gestion extravertie des sociétés et un ordre de priorité qui a peu à voir avec les réalités des sociétés où elles sévissent.

De plus, la gestion de l'aide publique par les récipiendaires ne saurait en aucun cas les détourner de leur responsabilité première, soit la gestion des sociétés dont ils ont la charge. Malgré l'importance et la visibilité de l'aide publique au développement, elle demeure marginale comparativement au coût de la gestion et du remboursement des dettes publiques, au manque à gagner consécutif aux politiques protectionnistes des puissances et à l'absence d'investissements étrangers directs. Enfin, il n'y a pas de relations systématiques entre le volume de l'aide publique et les réformes souhaitables. Celles-ci, comme nous l'ont montré les analyses de l'OCDE, ont pour moteur essentiel les forces sociales et politiques internes.

Si la géopolitique à l'œuvre dans notre temps exclut de fait un grand nombre de pays intermédiaires et de pays à faible revenu, les technologies qui la sous-tendent peuvent contribuer à maîtriser, à conforter et à accélérer les choix prioritaires de ces pays.

De la gestion des droits politiques, économiques et sociaux des citoyens à celles d'institutions politiques et judiciaires crédibles, de l'investissement dans le développement des ressources humaines à la mise à niveau et à l'extension des équipements sociaux de base, de la maîtrise de l'ensemble de la ressource publique à l'organisation de l'épargne privée sans oublier le dialogue avec la société civile, les champs d'application des technologies de l'information et des sciences de la vie sont multiples.

Le Sud doit se les approprier dans une logique qui déborde la seule dimension marchande et se hausser au niveau complexe et premier de l'aménagement des sociétés humaines[9]. Cette phase sera longue et difficile. Elle appelle des politiques à long terme, permettant progressivement de bénéficier de la dimension marchande de la globalisation et de l'intégration de l'économie mondiale.

On a pris l'habitude de mesurer l'inclusion des pays en développement aux nouvelles technologies par le volume de raccordements et le volume d'équipements. Il convient de compléter ces mesures par une analyse qualitative des choix prioritaires de ces pays et de l'appropriation par les animateurs de la société civile des moyens de leur raccordement aux réseaux nationaux, régionaux et mondiaux rendus accessibles par les technologies de l'information.

Une nouvelle ère mondiale

La troisième révolution industrielle et ses effets s'étendent à l'ensemble de l'humanité, y compris les zones en développement. Les fondements idéologiques et politiques de cette révolution, ses assises financières, scientifiques et technologiques, ses applications commerciales, de même que son incidence sur les négociations internationales, sectorielles et globales, ont fait imploser les anciens cadastres.

En quelques brèves années, les représentations multiples des rapports entre les nations et les régions du monde sont entré dans une convergence sans précédent dans l'ère moderne. La libéralisation des marchés des capitaux, l'évolution technologique et l'innovation financière sont à la base de ces convergences. L'espace et le temps deviennent des denrées rares même si les rythmes demeurent hétérogènes. Une gravitation commune s'est déployée avec une célérité extrême, gravitation renforcée par l'indiscutable succès du modèle américain.

Aux ajustements consécutifs à la déroute du socialisme se sont agglomérés ceux que requièrent les nouveaux leviers de croissance et de développement fournis notamment par la révolution des technologies de l'information et de la communication.

La convergence dans le temps de ces deux mutations historiques a suscité des ralliements spectaculaires au libéralisme économique. Elle a mis en place les conditions de la globalisation économique. Cependant, on aurait tort de ramener le contenu de l'ère nouvelle au seul triomphe d'une idéologie sur une autre, au triomphe de l'économie de marché sur le centralisme démocratique. Ses contenus sont beaucoup plus vastes.

Arjun Appadurai a montré avec précision la diversité, la surface et la force des «*flux nouveaux*» transitant d'un bout à l'autre de la planète. Ces flux de personnes, d'images et d'idées provoquent «*une rupture générale*» de la substance même des relations entre les sociétés et rendent de plus en plus anachroniques les formes d'identification liées à un territoire ou à l'État. Ils influencent partout «*le travail de l'imagination*» comme une caractéristique constitutive de la subjectivité moderne. Ils permettent aux individus de comprendre ce qu'ils doivent au groupe et en même temps de s'émanciper de la servitude du groupe[10].

Dans cette perspective, la troisième révolution industrielle a notamment produit une constellation de positionnements inédits pour les individus, les collectifs et les sociétés.

Les moyens électroniques de diffusion de l'information ont bouleversé de manière décisive le vaste champ des médias de masse et autres vecteurs traditionnels de l'information. Ils ont fait émerger de nouvelles possibilités et de nouveaux terrains où construire des «moi» et des mondes imaginés[11].

Dans les enquêtes que nous avons conduites au Sénégal et au Burkina Faso au premier semestre 2001 auprès de plus de 1500 jeunes en formation (15 à 25 ans), on observe une grande familiarité avec les TIC et le réseau Internet (66 %), que ces jeunes utilisent ou non l'ordinateur. Selon une forte majorité des jeunes interrogés :

- l'ordinateur est un outil privilégié pour la formation et la communication ;

- l'école doit former les jeunes à l'utilisation de l'informatique ;

- le marché du travail exigera dans l'avenir une maîtrise de l'informatique ;

- l'effort national pour l'implantation des TIC est insuffisant ;

- les TIC ont un rôle essentiel à jouer dans le développement économique.

Les nouvelles possibilités et les nouveaux terrains évoqués par Appadurai se déploient avec une force incontestable depuis le déplacement volontaire ou non d'un nombre croissant de personnes. On estime aujourd'hui à plus de 150 millions le nombre de personnes qui ne vivent pas dans le pays où elles sont nées. Ces déplacements fondent «*un nouvel ordre d'instabilité dans la création des subjectivités modernes*[12]».

La mobilité ne constitue pas un phénomène nouveau ; par contre, son ampleur actuelle et celle annoncée par les mutations du monde sont sans équivalent dans l'histoire. Néanmoins, l'interconnectivité globale qui l'accompagne désormais la transforme aussi en autre chose qu'un simple déplacement de personnes. Elle donne à ceux qui restent un accès au monde exploré par ceux qui sont partis, et à ces derniers des moyens forts d'être toujours à l'endroit qu'ils ont quitté[13].

L'ère nouvelle se caractérise d'abord par la croissance spectaculaire des capacités de communication, capacités déployées dans toutes les régions du monde avec cependant un rythme plus lent en Europe de l'Est, en Asie du Sud et sur le continent africain. D'innombrables exemples pourraient illustrer cette croissance sans précédent : le réseau Internet comptait 3 millions d'utilisateurs en 1993, 100 millions en 1997, 450 millions à la fin de 2001. Nous retenons la téléphonie en raison de son caractère de base. Entre 1991 et 2001, le volume des communications téléphoniques internationales a connu une croissance exponentielle.

Le nombre d'abonnés ayant accès à ces services est passé de 500 millions à 1,9 milliard, le temps de communication de 38 milliards de minutes en 1991 à 155,3 milliards de minutes en 2001. Il pourrait atteindre près de 250 milliards de minutes en 2005.

Plus de 4000 sociétés offraient ces services en 2001 dans 49 pays dorénavant ouverts à la compétition comparativement à 6 en 1991. À cette date, toutes les communications se faisaient à partir de téléphones fixes. En 2001, la moitié des 155,3 milliards de minutes de communication ont été effectuées à partir de téléphones portables. Les communications vocales faites à partir d'ordinateurs représentaient 1,6 milliard de secondes en 1999, 10 milliards en 2001, soit 6 % du trafic mondial. Dans ce dernier cas, 90 % des appels sont effectués aux

États-Unis et le Mexique en est le premier destinataire. Avec un taux de croissance de 300 % en l'an 2000, la Chine occupe le premier rang mondial s'agissant de la croissance des appels effectués à partir d'ordinateurs. Si le coût des appels internationaux est partout à la baisse, 50 % de ce qu'il était en 1995, cette tendance pourrait se stabiliser en raison notamment des charges très onéreuses des communications effectuées à partir des téléphones portables. Pour l'Europe, ces charges sont 10 fois plus élevées que celles encourues pour la téléphonie fixe[14].

En une brève décennie, le volume du trafic téléphonique international s'est multiplié par quatre, le nombre de pays ouverts à la compétition, par neuf et la téléphonie mobile a atteint un taux d'occupation du marché de 50 %. Si, en 1990, les 20 plus importantes sociétés dispensatrices de services internationaux contrôlaient 80 % du marché, cette part ne représentait plus que 50 % en 2002. Enfin, dans cette période, la Chine a fait son entrée dans le club sélect des 10 premiers mondiaux, China Télécom occupant le neuvième rang mondial au début du siècle.

Aussi importante soit-elle, cette progression ne représente qu'une étape dans la mise en place d'offres et de services qui ne cessent de s'étendre et de se diversifier. Elle s'accompagne d'une offre et de services tout aussi massive s'agissant de l'information et des autres produits de masse, culturels, éducatifs, sportifs et de loisirs portés par les moyens électroniques et relayés par les réseaux satellitaires qui encerclent la planète.

Le cordon sanitaire des « effets médiatiques locaux ou nationaux » est désormais inséré dans une constellation de flux les englobant, les relativisant et les inscrivant dans un ensemble inachevé. La pluralité domine dans l'ère nouvelle. Puissante et déterminante, une capacité du grand nombre d'alimenter leur représentation du monde à des sources diverses, convergentes ou contradictoires, locales ou étrangères, s'est imposée[15]. Enfin, on voit se manifester un désir, exprimé avec force par un grand nombre, d'être sources et moteurs de flux, de lancer dans les visions multiples du monde devenues accessibles leurs propres lumières, conceptions et valeurs.

Le désir surgit aujourd'hui de tous les horizons. C'est le message central lancé par Kishore Mahbubani :

> *Les idées et les manières de faire de l'Occident ont pénétré loin dans l'esprit de tous les hommes, mais le cœur et l'âme des autres civilisations demeurent intacts. D'immenses réserves de forces spirituelles et culturelles n'ont pas été touchées par le vernis occidental qui s'est répandu sur un grand nombre de sociétés. En ce début de siècle, cette couche ira en s'estompant révélant de nouveaux paysages humains.*
>
> *Seuls ceux qui ont vécu hors de l'Occident, comme je l'ai fait, peuvent discerner la puissance de l'impact de l'Occident sur le reste du monde et, en même temps, les limites extrêmes de cet impact sur l'âme des autres peuples.*
>
> *Le paradoxe de cette situation si contrastée se résume en un double mouvement, la prolifération des idées et des technologies occidentales permettra dans le temps aux autres sociétés d'accumuler suffisamment de richesses pour redécouvrir les fondements de leur propre culture[16].*

Partout la limite territoriale classique et les leviers des horizons immatériels clos se voient distancer par une nouvelle capacité de connaître les disfonctionnalités et les contradictions du monde, de débusquer les fausses dominations et légitimités, de sentir la poudre des propagandes et des conditionnalités pour les dénoncer, les combattre et chercher par l'analyse, la production de pensée et la contestation à réinventer la notion de bien commun, cette fois étendue à tous.

Certes, les contraintes de la politique internationale ne sont pas dissipées. Mais les conditions du vivre ensemble, la fluidité de l'historique distinction entre eux et nous, la proximité des codes éthiques imposent de nouvelles délibérations et une gestion renouvelée de la communauté internationale.

Le libéralisme économique doit s'inscrire dans une représentation du monde qui l'englobe et le dépasse, celle d'un libéralisme plus large reposant notamment sur la croyance que «*l'homme et la société sont susceptibles de progrès, limités et réversibles, et qu'il est possible de bâtir des institutions fondées sur le consentement, destinées à rendre la société plus humaine, plus juste et à améliorer le sort des citoyens[17]*». Dans l'ère nouvelle évoquée précédemment, cette croyance s'impose au plan de la gouvernance globale.

La gouvernance mondiale

Les organisations internationales, notamment celles du système des Nations Unies regroupant l'ensemble des sociétés humaines, constituent l'un des legs les plus précieux du XXe siècle à notre temps.

Elles découlent des besoins de reconstruction d'un monde dévasté par les deux grandes guerres mondiales déployées à partir de l'Europe. Elles doivent aujourd'hui faire l'objet de réformes compte tenu de l'évolution du monde dans la seconde moitié du XXe siècle. En effet, il nous faut faire le pari de l'existence d'un autre miroir que celui des chaos du monde pour soutenir la capacité de l'humanité de se penser comme un ensemble, le pari que l'avenir à aménager est aussi porteur que le passé à exhumer de ses ruines.

Dans un texte majeur, le Secrétaire général des Nations Unies a évalué comme suit les organisations internationales et notamment celles dont il a la charge:

C'est le système multilatéral mis en place après la guerre qui a rendu possibles l'émergence et l'essor d'une nouvelle mondialisation, mais c'est la mondialisation qui, progressivement, a rendu le système caduc. En d'autres termes, les institutions nées de l'après-guerre ont été conçues pour un contexte international alors que nous vivons maintenant dans un contexte global[18].

Caractérisant ce concept global, Kofi Annan rappelle les intrants suivants :

- À la création des Nations Unies, les deux tiers de ses membres actuels n'existaient pas en tant qu'État souverain et leur population vivaient encore sous le joug colonial, ce qui donnait à quelques États occidentaux un poids géopolitique démesuré par rapport à leur puissance propre.

- À la création des Nations Unies, la population mondiale ne comptait que 2,5 millions d'habitants contre 6 milliards aujourd'hui, 8 milliards en 2020.

- À la création des Nations Unies, les mouvements de capitaux étaient rigoureusement contrôlés et des barrières commerciales innombrables cadastraient le monde. Aujourd'hui, les opérations sur devises représentent plus de 1,5 milliard de dollars par jour contre 15 milliards pour l'année 1973.

- À la création des Nations Unies, l'écologie n'était qu'une branche de la biologie, et même les auteurs de science-fiction ignoraient le sens du cyberespace. Aujourd'hui, le maintien de la biosphère et la survie des équilibres naturels sur notre planète constituent des préoccupations majeures et urgentes.

- À la création des Nations Unies, à quelques exceptions près, les grandes sociétés s'installaient dans un seul pays et ne produisaient que pour le marché intérieur. À l'heure actuelle, d'innombrables sociétés sont implantées dans plusieurs régions du monde et produisent pour le marché global.

– À la création des Nations Unies, le premier ordinateur venait de voir le jour. On en compte près de 20 milliards dans le monde.

– À la création des Nations Unies, les appels téléphoniques internationaux constituaient un service coûteux rarement utilisé. De nos jours, ils sont accessibles à 1,9 milliard de personnes dans le monde.

Cet ensemble d'intrants – multiplication des nations souveraines, augmentation massive de la population, internationalisation des entreprises de production et de services, démantèlement des barrières filtrant les mouvements des capitaux et les flux commerciaux, mutation des outils de communication – a produit une dynamique d'intégration apparemment «inexorable», une mutation radicale du monde. D'où la nécessité et l'obligation d'adapter les institutions qui l'encadrent et de négocier le passage d'un système élaboré dans un contexte international à un autre système répondant aux réalités et aux exigences du contexte global.

Ce qui vaut pour les Nations Unies vaut aussi pour les organisations multilatérales de nature économique définies après la Seconde Guerre mondiale[19]. Ces dernières œuvrent elles aussi dans un contexte international profondément transformé par l'intégration des marchés financiers, l'émergence de communautés économiques régionales ou continentales, l'établissement de nouvelles institutions régissant désormais les normes des flux commerciaux et présidant aux règlements des conflits selon des règles inédites[20].

Ces systèmes souffrent de carences nombreuses et redoutables :

- On rappelle souvent leur caractère inéquitable en raison notamment des privilèges de quelques-uns. À titre d'exemple, on peut citer la présidence de la Banque mondiale réservée à un Américain, la direction du FMI réservée à un Européen, la présence au Conseil de sécurité des Nations Unies de la France et de la Grande-Bretagne, présence qui traduit une réalité internationale issue directement de la période coloniale davantage que les réalités du monde au début du troisième millénaire.

- Leur caractère sectoriel dans un monde global apparaît obsolète, inefficace et peu susceptible de résultats d'ensemble. Ce caractère repose sur une multiplication de structures de financement, de gestion et de décision qui épongent une partie des ressources disponibles et limitent grandement les indispensables interventions convergentes.

Les travaux du G8 ont produit à Halifax, en 1995, une synthèse utile s'agissant du renforcement de la cohérence, de l'efficacité et de la performance des institutions nationales :

Pour bien remplir leurs missions dans l'avenir, les institutions multilatérales doivent poursuivre leurs efforts de réforme, améliorer leur coordination et réduire les chevauchements. Les institutions financières internationales ont su s'adapter à l'évolution des besoins de l'économie mondiale, néanmoins, des améliorations restent souhaitables dans plusieurs domaines pour que ces institutions soient plus aptes à relever les défis de demain[21].

À cet effet :

- Nous encouragerons la Banque mondiale et les banques régionales de développement à décentraliser leurs opérations chaque fois que cela sera possible.

- Nous encouragerons le FMI et la Banque mondiale à se concentrer sur leur mandat premier (de façon générale, la politique macroéconomique pour le FMI et les politiques structurelles et sectorielles pour la Banque mondiale).

- Nous encourageons le Groupe de la Banque mondiale à intégrer plus efficacement dans ses stratégies d'aide aux pays les activités de la Société financière internationale et de l'Agence multilatérale de garantie des investissements.

- Nous encourageons les banques multilatérales de développement à mieux coordonner leurs programmes-pays respectifs avec les autres donateurs, bilatéraux et multilatéraux.

Afin de permettre aux Nations Unies de mieux atteindre les objectifs établis dans sa Charte, nous encouragerons l'élargissement et l'approfondissement du processus de réforme en cours, et nous collaborerons avec d'autres :

- pour mener à bonne fin l'agenda pour le développement, qui devrait établir une nouvelle approche de la coopération internationale et délimiter la contribution attendue de chacun des organes des Nations Unies.

- pour concevoir, pour le Conseil économique et social (ECOSOC), un rôle de coordination plus efficace en ce qui a trait à la politique interne; encourager une mise en commun plus poussée entre les Nations Unies et les institutions spécialisées par un resserrement de la coopération au Siège et sur le terrain. Ce recensement et cette coordination sur le terrain sont aujourd'hui inscrits dans les politiques et les interventions des Nations Unies à la suite des réformes conduites par Kofi Annan.

– pour moderniser et cibler les mandats, de manière à éviter les doubles emplois, éliminer les chevauchements avec les nouvelles organisations, par exemple les commissions économiques régionales et l'ONUDI. Pour accroître de façon générale la cohérence, la coopération et la rentabilité, nous collaborerons avec les autres pays pour encourager:

  – la rationalisation des activités visant la collecte des données, l'analyse, l'établissement des priorités, la présentation de rapports et une plus grande complémentarité dans la prestation de l'aide aux pays;

  – une meilleure coordination entre les organisations internationales, les donateurs bilatéraux et les ONG.

De très nombreuses propositions plus spécifiques font l'objet de discussions et de négociations. On pense notamment à celle de l'UA, soutenue par le Groupe des 77 et visant la mise sur pied d'un «Conseil de sécurité économique et social» en substitution des agences spécialisées des Nations Unies. On pense aussi à l'initiative franco-britannique visant la fusion de trois organismes des Nations Unies en une seule entité chargée d'aider spécifiquement les pays les moins avancés[22].

Dans le cas de l'OMC, de la Banque mondiale et du FMI, «ces acteurs de l'approfondissement de la globalisation», on leur reproche un manque de volonté et de capacité de prévoir les crises financières et leur propagation et d'en amortir les effets sociaux. Bref, on demande à ces institutions de contribuer à la maîtrise de la globalisation et d'être des leviers efficaces de la croissance et du développement pour tous.

Ce constat n'est pas une condamnation, mais un appel à rechercher des politiques plus inclusives et des mécanismes plus équitables de décision et d'évaluation fondés sur l'obligation d'obtenir des résultats, de gérer les risques inhérents à l'augmentation des apports de capitaux privés, à l'intégration accrue des marchés financiers et au rythme accéléré de l'innovation financière[23] et à approfondir aussi les exigences d'une communication lisible et fiable dans le contexte global nouveau. Cette dernière appelle notamment des tableaux de bord intégrés, compréhensibles et exhaustifs visant l'inclusion de toutes les sociétés composant la famille humaine. Les domaines prioritaires suivants devraient figurer dans ces tableaux de bord :

- les droits fondamentaux et les valeurs démocratiques ;

- les droits économiques et sociaux, le déploiement des conditions de la croissance et du développement, y compris les exigences environnementales ;

- la consolidation des systèmes de libre circulation des idées, des personnes et des biens et des régimes juridiques universels pour les questions d'ensemble commandant la délibération, la décision et l'intervention de toute la famille humaine.

Dans la mise en place de ces réformes susceptibles d'assurer le passage d'un système international vers un système mondial, les technologies à vocation universelle et notamment les technologies de l'information constituent de formidables instruments de gestion, de mesure et de communication.

Certes, leur utilisation ne constitue pas à elle seule la réforme et l'intégration attendue. Mais sans la puissance de ces technologies, cette réforme et cette intégration paraissent l'une et l'autre aléatoires. Ces technologies ont comme vocation de soutenir le système *nouveau* et notamment de mesurer les effets des investissements matériels et immatériels consentis, à éclairer en temps réel les acquis de l'intervention de l'humanité sur elle-même, à dégager les progrès et les ratés de l'intégration des zones en développement du monde.

L'ample système international actuel n'est pas sans fécondité[24]. Toutefois, son éclatement rend difficiles les actions intégrées et rapides qu'imposent la nouvelle dimension globale des crises et la lisibilité d'ensemble de sa présence dans le monde.

Des lois du marché aux lois du développement

Le libéralisme économique comme unique fiduciaire du vaste domaine des désirs et des besoins humains constitue l'un des legs les plus imprévisibles du XXᵉ siècle à notre temps. On le dit imprévisible dans la mesure où le combat gigantesque opposant deux conceptions de la vie, des sociétés et de l'organisation du monde – le libéralisme incarnant la passion de la liberté et le socialisme celle de l'égalité – a atteint son terme sans les conflits et les débordements qu'un tel dénouement global aurait dû normalement produire.

Depuis, l'ensemble des pays du monde se sont ralliés à l'économie de marché. Pour leur part, les vainqueurs, puisqu'il y a eu des vainqueurs, ont saisi l'occasion historique de leur triomphe. Ils lui ont donné ses pleins effets en étendant au système mondial les règles, les valeurs et les objectifs qui régissaient leur système économique. Ils ont posé comme «naturelles» les normes construites par des opérateurs privés et les ont présentées comme des règles, des valeurs et des objectifs d'intérêt général susceptibles, à leur jugement, de structurer les sociétés, toutes les sociétés.

Dans cette conjoncture exceptionnelle, les États-Unis ont enrichi l'architecture économique acquise des vastes domaines des technologies à vocation universelle. Ils ont, ce faisant, marqué de manière puissante et indiscutable les choix et les orientations des sociétés humaines. Ils ont de plus arrêté les conditions politiques de leur prépondérance dans les différents domaines des technologies à vocation universelle. Pour ce faire, ils ont utilisé l'ensemble des ressources de la puissance publique, celles de l'État fédéral et celles des États fédérés, mis à la disposition des laboratoires privés les progrès accomplis dans les laboratoires publics, multiplié les capitaux dormants et arrêté une fiscalité d'accompagnement pour les entreprises bénéficiant par ailleurs de la mise en place de réseaux de centres régionaux de services. Ils ont défini de nouveaux partenariats entre la puissance publique, le puissant réseau universitaire et le secteur privé de l'économie. Enfin, ils ont mobilisé les organisations internationales et imposé partout l'idée puissante et déterminante voulant que l'avenir de la croissance et du développement dépende de l'extension à l'échelle globale du modèle américain.

Nous connaissons aujourd'hui les limites de ces politiques et les effets pervers de l'optimisme américain dans sa version la plus récente : comptabilité frauduleuse

produisant des résultats financiers sans correspondance
avec la vérité de la production et des avoirs des sociétés ;
explosion d'un marché boursier porté par le discours
public, la pression des médias, l'annonce récurrente de
niveau d'investissement, la mise en marché de nouveaux
produits, la croissance du volume d'activité et de profitabilité sans précédent découlant notamment de projections erronées ; politique extravagante de rémunération
et d'avantages collatéraux consentis aux dirigeants des
nouveaux secteurs de l'économie ; projections constantes
de résultats de la nouvelle économie qui se sont avérés
sans rapport avec les résultats réels.

Ces limites n'altèrent en rien le fait majeur de ce
temps, la prodigieuse aventure scientifique et technologique, financière et économique qui a conforté la prépondérance des États-Unis dans les affaires du monde,
créé une révolution globale en matière d'information et
de communication, lancé dans l'histoire l'immense et
imprévisible mutation de la maîtrise de la vie.

À chaque étape de cette aventure, l'économie de
marché a bénéficié de l'apport des ressources de la
puissance publique. La révolution digitale est autant le
fait de l'État américain que celui du secteur privé. De ce
qui précède, on peut tirer quelques enseignements
d'importance :

– Au fondement de la troisième révolution industrielle, c'est la prépondérance acquise par les États-
  Unis dans les sciences fondamentales au lendemain de la Seconde Guerre mondiale qui a rendu
  possible l'impulsion de la puissance publique. Des
  investissements massifs en recherche militaire et
  transférés en partie au secteur privé dans la dernière décennie du XXe siècle ont joué le même rôle.
  Sans l'intervention de la puissance publique
  américaine, cette révolution n'aurait pas eu lieu

dans le temps et la forme exceptionnelle qu'elle a empruntés à la fin du XXe siècle.

- L'impulsion de la puissance publique de la première économie mondiale a conduit à la mise en convergence des ressources des laboratoires publics et privés de recherche, des universités et grandes écoles, des entreprises et du secteur financier. Cette gigantesque mise en convergence a suscité une concentration sans précédent d'investissements nationaux enrichis par les flux constants de capitaux étrangers, notamment européens, sans compter l'apport inestimable de ressources humaines venues du monde entier. Sans cette masse de ressources venue des États-Unis mais aussi du monde, cette révolution n'aurait pas eu lieu dans le temps et la forme qu'elle a empruntés à la fin du XXe siècle.

- Enfin, l'impulsion de la puissance publique de la première économie mondiale a suscité la mise en place d'importants outils d'intervention, des outils budgétaires et fiscaux au plan national, des outils de la négociation bilatérale et multilatérale au plan international. Sans ces outils et leur utilisation convergente, cette révolution n'aurait pas eu lieu comme elle l'a fait.

L'inclusion des zones sous-développées du monde et leur appropriation des technologies à vocation universelle supposent un effort intense et constant qui emprunte au modèle décrit précédemment : intervention majeure de la puissance publique, partenariat du secteur privé national et international, disponibilité du capital et accès au marché mondial.

Sans ces investissements complémentaires, l'inclusion des zones sous-développées n'aura pas lieu. Dès lors se consolidera le modèle de deux humanités vivant sur une même planète. L'une, minoritaire, retranchée dans la zone atlantique du monde et une partie de l'Asie, mènera le combat improbable et impossible de sa sécurité, celui aussi de sa croissance limitée malgré son indéniable prépondérance scientifique, technologique et militaire. L'autre, vaste et étendue, contestera le système global et sera incapable, sauf par l'usage de la force, de contenir l'expression des besoins innombrables de sa population et surtout d'une jeunesse qui en constitue la majorité. La globalisation telle qu'elle se développe annonce ces extrêmes.

Seule une nouvelle délibération prenant en compte ces situations actuelles et à venir pourrait prévenir la tragédie d'une division aussi implacable du monde.

Sans cette délibération, des catégories nouvelles pourraient dominer dans les décennies qui viennent. Au tout sécuritaire des zones nanties pourrait correspondre l'extension de l'incivilité ailleurs dans le monde; au cadastre fermé de l'Occident, le besoin et le désir extrêmes de mobilité des pauvres; aux règles convenues de la communauté internationale, la montée des marchés illégaux, sans norme et sans loi, marchés des personnes, des armes, des drogues facilités par «les technologies de pointe» et l'organisation de «conglomérats mondiaux de crime». Bref, on envisage un ensemble croissant et convergent de situations et de crises dessinant les contours d'une société incivile au plan global[25].

Dans un tel contexte, aucune croissance économique durable n'est possible au plan global. Certains refusent de telles perspectives. Ceux-là recherchent les matériaux d'un autre bilan et d'un autre avenir.

De l'inclusion

L'accès universel à une croissance et à un développement partagés n'a pas marqué l'entrée de la famille humaine dans l'ère nouvelle.

Dans la dernière décennie du XXe siècle, la trame d'ensemble s'est avérée moins favorable que celle des années 1980. Entre autres, il y a eu une baisse de la croissance globale et la diminution du nombre de pays qui ont vu leur revenu *per capita* augmenter par rapport à la décennie précédente. Même la croissance du volume du commerce, impressionnante en milieu de décennie (+ 10,4 %, + 8,6 %, + 9,5 % respectivement pour 1994, 1995 et 1996), a atteint des niveaux inférieurs, soit 4 % en 1999 contre 4,5 % en 1990.

Durant cette période, les pays et les régions du monde exclus des champs technologiques nouveaux ont vu leur part se raréfier dans les échanges internationaux.

La libéralisation du commerce mondial a d'abord bénéficié à ceux qui maîtrisaient les produits à composantes technologiques. Ces derniers représentaient 70 % des échanges en fin de siècle contre 54 % en 1980[26]. Dans la même période, les pays qui n'ont pas intégré les domaines des technologies nouvelles, sont restés captifs des échanges des produits primaires et des produits provenant des ressources naturelles. Ils se sont partagé une part décroissante des échanges internationaux, 45 % en 1980, 24 % en 2000[27]. «*Nous sommes pauvres parce que nos terres sont riches*», affirmait l'écrivain latino-américain, Eduardo Galeano.

Ces pays et régions sont en outre entrés dans une compétition les opposant les uns aux autres :

> *Les produits traditionnels d'exportation pour le continent africain ont été graduellement surpassés par de nouveaux producteurs plus efficaces. Dans les vingt-cinq*

dernières années, la part africaine du marché du cacao a chuté de 80 % à 67 %, de 26 % à 15 % pour le café, de 30 % à 16 % pour le coton, de 13 % à 7 % pour le bois, de 12 % à 2 % pour le fer. Pour le cacao, le café et le bois, la perte a profité aux pays asiatiques, pour le fer à l'Amérique latine, pour le coton aux pays d'Europe centrale. Entre 1980 et 1995, la part de l'Afrique dans le commerce mondial a chuté de 6 % à 2,1 %[28].

Ces évolutions traduisent une dégradation des conditions de vie sur le continent africain. Analysant les niveaux de développement entre l'Afrique, les pays de l'Asie du Sud-Est, le Brésil et le Mexique, Jeffrey Sachs affirmait :

Une des raisons principales du retard pris par l'Afrique sur l'Asie de l'Est, le Mexique ou le Brésil, c'est que le continent est resté bloqué au stade d'exportateur de matières premières. Il n'a pas su mettre en place les conditions légales et fiscales favorisant les investissements susceptibles de créer des emplois durables et diversifiés.

Le seul espoir de l'Afrique est que la mondialisation permette un jour à ses villes côtières de connaître le même sort que celles de la Chine d'aujourd'hui. À savoir, devenir des plates-formes d'exportation, des centres d'activités touristiques et de services.

Dans toute l'histoire moderne, il n'y a pas d'exemple de pays ayant réussi à se moderniser sans échanges commerciaux et sans intégration dans l'économie mondiale.

Les romantiques qui manifestent pour entraver le développement du commerce mondial bloquent en fait, sans le savoir, la seule issue qui permettrait aux déshérités de se libérer de la pauvreté. C'est pourquoi il faudrait appeler ces protestataires par leur vrai nom : les coalisés pour que les pauvres restent pauvres[29].

De plus, les politiques protectionnistes des pays à revenu élevé et des nouveaux pays industriels, notamment celles de l'Union européenne et des États-Unis, dans les secteurs agricoles et du textile prolongent et aggravent les conditions du sous-développement[30].

Pour l'année 2000, les subsides européens et américains à la production agricole représentaient respectivement 38 % et 22 % de la valeur totale de leur production. Depuis, les subsides américains ont augmenté substantiellement (+ 80 %) après l'adoption par le Congrès du Farm Bill proposé par l'administration Bush. Selon Joseph Stiglitz, l'ensemble des subsides à l'agriculture consentis par les pays industrialisés *« dépassent les revenus de l'Afrique subsaharienne[31] »*.

Ces politiques privent les pays producteurs du Sud de ressources publiques et privées indispensables pour l'investissement, la mise à niveau de leur production au plan de la gestion, de l'innovation, de la transformation, de l'application des normes et de l'intégration à la concurrence mondiale.

La libéralisation des marchés dans les pays en développement pour les produits et les services provenant des pays à revenu élevé et des nouveaux pays industriels n'a pas d'équivalent dans le sens contraire pour les produits en provenance des pays en développement[32]. Dans ce contexte, un meilleur accès à l'information et aux technologies qui la structurent serait de peu d'utilité.

Ceux qui prétendent que le commerce constitue l'un des liens les plus forts entre les hommes et la source de la croissance et du développement ont raison. Le commerce international n'est pas en lui-même un frein à la satisfaction des besoins et des intérêts des pauvres du monde, mais les règles qui le structurent favorisent les pays riches.

Selon les analyses conduites par OXFAM, une réglementation moins limitative (1 %) des parts de marchés mondiaux en faveur des pays en développement aurait comme résultat de tirer de la pauvreté plus de 125 millions de personnes. Pour l'Afrique seule, elle générerait 70 milliards de dollars annuellement, soit approximativement 5 fois le volume de l'aide publique actuelle.

Cette exclusion bloque le développement de la formation scientifique et technique, de la recherche et du développement endogènes et de l'appropriation des savoirs pertinents rendus accessibles par les technologies de l'information et de la communication. Elle a de plus comme effet de limiter de façon importante le développement du secteur privé de l'économie. Enfin, elle prive les pouvoirs publics de sources importantes de revenus pour l'investissement dans la scolarisation à tous les niveaux. Sans ces derniers, aucun pays ne peut s'intégrer à l'économie mondiale.

On ne peut à la fois se faire l'apologète du secteur privé comme levier du développement, thèse centrale des pays développés et des institutions financières multilatérales, et rester silencieux sur les causes connues de sa stagnation. On ne peut à la fois plaider pour la libéralisation des économies des pays en développement et pratiquer une politique contraire pour les produits en provenance de ces pays.

Pour l'ensemble des pays intermédiaires et des pays à faible revenu (à l'exception de la Chine), cette dégradation fait apparaître une disparité radicale dans la capacité de s'inscrire dans la troisième révolution industrielle, à investir dans la recherche et le développement, dans l'innovation et la création de nouveaux produits, systèmes et services de nature technologique. Cette disparité s'avère plus importante que celle découlant des inégalités de revenus.

Ces même pays intermédiaires et pays à faible revenu n'ont pas bénéficié de la croissance globale des investissements étrangers directs qui ont soutenu le déploiement des technologies à vocation universelle et marquée la fin du XXᵉ siècle. Le volume annuel des investissements étrangers directs a quintuplé en 10 ans pour atteindre les 1100 milliards de dollars. Inégalés dans l'histoire moderne, ces niveaux ont d'abord bénéficié aux zones développées du monde, 43 % pour l'Europe occidentale, 26 % pour l'Amérique du Nord, 19 % pour l'Asie et le Pacifique, 8 % pour l'Amérique latine, 2 % pour l'Europe de l'Est, 2 % pour l'Afrique et le Moyen-Orient.

Entre 1995 et 2000, la Chine, le Brésil et le Mexique accueillaient 51 % des investissements étrangers directs effectués dans les pays en développement, alors que l'Inde, la Malaisie et l'Indonésie ensemble en recevaient 11 %. Des études prospectives récentes annoncent que pour les années 2000-2005, les investissements étrangers directs se dirigeront toujours en priorité et massivement vers les pays développés.

On ne compte plus les déclarations, les initiatives et les investissements des institutions multilatérales, des coopérations régionales ou nationales[33] et du secteur privé visant, pour emprunter la rhétorique de la multinationale Hewlett–Packard, à élargir l'accès des pays en développement aux possibilités sociales et économiques de l'âge digital. Dans ce cas comme dans tant d'autres, c'est d'abord l'extension des marchés qui justifie l'investissement et l'affirmation répétée tel un mantra que les technologies de l'information assurent une croissance économique rapide et durable bénéficiant à l'ensemble de la planète.

Certes, ces initiatives ne sont pas sans fécondité. Certaines d'entre elles, dans les domaines de la santé, de l'éducation, de la formation professionnelle, de l'agriculture et de l'environnement ont des effets non négligeables et peuvent contribuer à la consolidation et à l'enrichissement des capacités propres. Cependant, le déploiement d'initiatives disparates dans des communautés ne disposant toujours pas des services fondamentaux ne leur permet pas d'entrer dans l'âge de l'information. De plus, elles appartiennent à une logique du développement exogène peu susceptible de contribuer à l'émancipation sociale, économique et politique des hommes et des femmes vivant dans les zones sous-développées du monde.

Dans le cas de l'Afrique subsaharienne, on n'a atteint aucun des objectifs retenus à partir de cette logique[34]. On pense notamment aux grands objectifs réaffirmés dans la « Déclaration du millénaire » des Nations Unies :

– accès universel à l'éducation de base pour tous en 2015 ;

– élimination des discriminations à l'endroit des filles au niveau secondaire ;

– élimination dans certains cas et contrôle dans d'autres des pandémies constituant une menace pour la santé et un frein considérable pour le développement ;

– réduction de moitié de la pauvreté dans le monde au milieu de la deuxième décennie du XXIᵉ siècle.

Sur le continent africain, le PNB par habitant a chuté entre 1990 (540 $) et 2001 (480 $)[35]. Il était de 640 $ en 1980. Il a chuté aussi en Europe de l'Est et en Asie centrale, de 2610 $ en 1990 à 2010 $ en 2000[36]. Au Maghreb, au Moyen-Orient et en Asie du Sud, la croissance du PNB par habitant a été très lente, pour le premier de 1790 $ en 1990 à 2040 $ en 2000 comparativement à 2080 $ en 1980 et pour la seconde, de 350 $ en 1990 à 460 $ en 2000[37]. L'Amérique latine et l'Asie de l'Est et du Pacifique ont enregistré des taux de croissance lents, pour la première de 2240 $ en 1990 à 3680 $ en 2000, pour la seconde de 500 $ en 1990 à 1060 $ en 2000. Dans ces deux derniers cas, la situation actuelle ne permettra pas de maintenir ces acquis[38].

Compte tenu de ces performances, et dans le nouveau contexte global, la continuité de conception des rapports Nord-Sud évoqués précédemment est dramatique.

De plus, les pays en développement ne disposent plus des outils traditionnels des États : contrôle des capitaux, barrières tarifaires et non tarifaires, maîtrise d'un secteur public important, subsides à l'exportation, imposition de contenus nationaux. Les puissances actuelles ont largement utilisé ces outils, qui ont notamment permis aux nouveaux pays industriels de l'Asie du Nord et du Sud-Est d'émerger de leur misère, d'investir dans leurs ressources humaines, de développer leur secteur privé, d'accumuler du capital et de se positionner sur le marché mondial.

> *Tous ces pays ont libéralisé graduellement leur commerce. Ils y ont consacré plusieurs décennies… La Corée du Sud, la Chine, l'Inde et les autres succès asiatiques ont bénéficié de la liberté d'effectuer leur propre choix et ils l'ont abondamment utilisée.*
>
> *Aujourd'hui, une telle utilisation serait immédiatement condamnée par l'OMC et le FMI.*
>
> *L'expérience asiatique illustre une donnée fondamentale : une solide stratégie de développement produisant un haut niveau de croissance est plus efficace pour l'intégration à l'économie mondiale qu'une stratégie intégrationniste en attente de la magie découlant de l'ouverture[39].*

Ces outils ont volé en éclats dans le nouveau contexte global, sur tous les plans : du contrôle de l'investissement étranger aux politiques tarifaires, de l'utilisation massive de la puissance publique à la protection des marchés publics et privés nationaux sans oublier les régimes fiscaux et les politiques de taxation favorables dont l'élasticité constitue une arme très puissante[40].

Ce qui reste de ces outils, à quelques exceptions près, constitue la matière du nouveau cycle de négociations commerciales lancé à Doha[41]. On cherche, dans ce contexte sans précédent, les leviers dont disposent les pays intermédiaires et les pays à faible revenu pour s'intégrer dans l'ère nouvelle et bénéficier des retombées des deux forces qui ont contribué à la transformation du monde, la technologie et le commerce[42].

De nouvelles relations Nord-Sud

Dans l'ère nouvelle qui définit ce début de siècle, le temps est venu de renverser les pratiques de base de la relation Nord-Sud[43]. Les dernières décennies ont connu la domination des pays dits avancés. Ces derniers ont imposé des modèles de développement successifs et souvent contradictoires par rapport à leur propre choix politiques et économiques.

Les dernières années ont été dominées par la doctrine de la « conditionnalité » et son extension du domaine économique à des domaines de plus en plus nombreux et généraux[44]. Le forum dédié à la stabilité financière du G8 a fixé 71 normes uniquement dans le domaine financier. Cette doctrine de la « conditionnalité » est aujourd'hui remise en cause en raison notamment de ses effets désastreux sur les institutions des pays en développement et leur peu d'effet sur la croissance.

De nouveaux critères ont aussi été imposés pour l'évaluation des politiques des pays intermédiaires et des pays à faible revenu, critères privilégiant les conditions consenties aux investisseurs étrangers et favorisant le commerce international. Dani Rodrik a qualifié de perversion cette inversion redoutable, ce prisme exclusif servant de substitut à toute stratégie de développement[45]. Aucun pays ne peut s'exclure du contexte global. La question posée par Rodrik est autre : les gouvernements des pays intermédiaires et des pays à faible revenu ont-ils pour mission prioritaire la gestion du raccordement de la globalisation à leur pays ou celle du raccordement de leur pays à la globalisation ?

Deux thèses opposées s'affrontent. Friedman, Moore, Frankell et Romes font de l'intégration un préalable pour la croissance et le développement. Sachs et Warner partagent et nuancent cette analyse. Rodrik, Ocampo et Qian plaident et illustrent la thèse qui situe l'intégration à l'échelle d'un résultat et non d'une cause de la croissance et du développement.

> *Les pays qui ont succombé aux thèses orthodoxes de l'intégration ont appris qu'elles ne tiennent pas leur promesse. Malgré un abaissement considérable de leurs bannières commerciales pour satisfaire les investisseurs et les tenants du libéralisme commercial, un grand nombre de pays en Amérique latine et en Afrique sont désormais stagnants et leur croissance a été inférieure à celle des années 60 et 70. Pour leur part, les pays à forte croissance, la Chine, l'Inde et les pays d'Asie de l'Est et du Sud-Est qui ont eux aussi épousé les thèses libérales l'ont fait à leur manière, d'une façon non orthodoxe, graduellement et par domaine. Ils l'ont fait suite à des périodes de vraie et forte croissance et comme un élément d'une politique plus large composée notamment d'éléments non conventionnels[46].*

Dans cette perspective, au « Voilà ce que vous devez faire » doit succéder le « Voici ce que nous faisons ». Ce renversement n'exclut pas les principes d'intérêts mutuels et de responsabilités partagées. Cependant, il en change radicalement la perspective et les contenus, les dépouillent d'une arrogance certaine et les situent dans une constellation d'analyses et de concertations d'une autre nature.

Ce renversement crée de plus un pôle intégrateur d'investissements dans un pays donné là où domine aujourd'hui l'indescriptible désordre. Il crée, selon l'expression du PNUD, «un rôle directeur» dans ce pôle intégrateur national. À ce rôle directeur propre devrait correspondre un pôle intégrateur transnational regroupant par grandes catégories les apports extérieurs.

L'idée de ce pôle extérieur progresse. Dans cet esprit, les Nations Unies ont annoncé une nouvelle coordination pour l'ensemble des organisations qui dépendent d'elles sous le parapluie du groupe de développement des Nations Unies présidé par l'administrateur du PNUD.

Dans une entrevue à *Jeune Afrique l'Intelligent*, en mai 2002, la vice-secrétaire générale de l'ONU rappelait que le «consensus de Monterrey» sur l'aide publique au développement était :

> *La synthèse du travail fourni par les ministres des finances des États membres et par les institutions du système des Nations Unies, le FMI et la Banque mondiale compris. Il y a quelques années, il était pratiquement impossible de dégager une position commune sur un sujet aussi sensible. Cette fois-ci, tout a été mis en œuvre pour éviter la cacophonie[47].*

Ces renversements des pratiques de base de la relation Nord-Sud constituent un impératif de la globalisation et de l'internationalisation de l'économie. En effet, la croissance et le développement des pays intermédiaires et des pays à faible revenu représentent des éléments majeurs de la stabilité du monde. Ils s'imposent de plus en raison des nouvelles structures de la négociation commerciale internationale où les puissances ne peuvent plus dicter unilatéralement l'ordre du jour au risque de provoquer des blocages majeurs comme celui qui a fait échouer la conférence de Seattle.

Ils résultent enfin du bilan d'un demi-siècle d'aide publique au développement et de la première phase de la globalisation dont les résultats évoqués précédemment sont insuffisants. Enfin, il est dorénavant impossible d'ignorer l'émergence d'éléments constitutifs d'une société incivile internationale, ni les requêtes visant une plus grande équité dans les affaires du monde.

Cette mutation de la relation Nord-Sud aurait pour effet majeur de situer la responsabilité là où elle doit être, dans les sociétés et les États fiduciaires de leur développement. Ce dernier ne viendra pas de l'extérieur. Il ne s'accomplira que par l'exercice plein et entier de cette responsabilité. On pense ici notamment au progrès de la démocratie et du respect des droits et libertés.

Forcée de constater l'échec récurrent de ses modèles, la Banque mondiale elle-même évoque désormais la vision propre de chaque pays, les diagnostics mis en contexte.

À l'ère de la globalisation, ce que les pays dit avancés et la communauté internationale peuvent apporter concerne d'abord les conditions d'exercice de la responsabilité des États intermédiaires et des États à faible revenu. Cet apport est essentiel et doit inclure impérativement:

– l'abolition des mesures protectionnistes dans les domaines où la production des pays du Sud permet d'envisager leur percée sur les marchés mondiaux;

– la mise en place de régimes d'exception plus généreux que ceux consentis à Marrakech en 1994 afin de permettre aux pays du Sud de soutenir l'émergence d'un secteur privé autochtone ;

– l'annulation immédiate des dettes des pays à faible revenu afin de les sortir du « *cercle carcéral des systèmes d'endettement* » selon la forte expression de l'écrivain sénégalais Amadou Lamine Sall[48] ;

– la mise en place de régimes d'appuis et de garanties à l'investissement dans des domaines agréés par les partis[49]. Les programmes de garanties instaurés par la Banque mondiale en 1994-1995 constituent une modeste percée dans cette direction.

Enfin, si nous avons affirmé précédemment qu'aucun pays n'a l'obligation d'investir dans l'aide publique au développement où d'accueillir cette aide, cette provocation visait à mettre en relief les problèmes de déséquilibre systémique que nous venons de résumer.

Dans le nouveau système global, cette aide publique ne peut servir d'alibi. Par ailleurs, dans les perspectives du renouvellement de la relation Nord-Sud, elle peut et doit conforter l'exercice de la responsabilité par les États dits en développement.

Mise en place après la Seconde Guerre mondiale pour contenir l'expansion du communisme en Asie, en Amérique latine et en Afrique, l'aide publique a connu une diminution radicale depuis l'implosion de l'Union soviétique. Cette diminution de l'aide bilatérale et multilatérale a frappé durement les régions les plus pauvres, l'Afrique subsaharienne, l'Asie du Sud, le Moyen-Orient et l'Asie du Nord. Si elle a peu touché l'Amérique latine, elle a épargné la Chine et les États européens successeurs de l'ancienne Union soviétique. Compte tenu des faibles rendements des économies d'un grand nombre de pays en développement, de la baisse des prêts bilatéraux dédiés à l'amélioration de leurs infrastructures, des coûts croissants des paiements et de la gestion des dettes publiques, l'aide publique au développement apparaît toujours indispensable. On pense notamment à l'ensemble des services pour lesquels le secteur privé demeure en retrait : services éducatifs et sociaux, services de santé, agences d'emplois, services de vulgarisation agricole, réseaux routiers ruraux pour ne citer que ces exemples[50]. Dans tous ces cas cependant, elle ne peut jouer qu'un rôle d'appoint et d'accompagnement, les réformes ayant pour moteur essentiel «les forces sociales et politiques internes».

Les flux multiples générés par la globalisation ont fait éclater partout les anciens cadastres. Ils ont reproduit et amplifié les inégalités du monde.

Jeffrey Sachs a dressé la carte de ces inégalités par rapport à l'innovation technologique et ses effets :

- 15 % des habitants du monde, soit 850 millions de personnes, vivent dans des sociétés productrices d'innovation et bénéficiaires de leurs retombées ;

- 50 % des habitants du monde, soit 3 milliards de personnes, vivent dans des sociétés qui ne produisent pas ou peu d'innovation mais utilisent, à des degrés divers, les technologies à vocation universelle et, dans certains cas, participent à leur production ;

- 35 % des habitants du monde, soit plus de 2 milliards de personnes, vivent dans des sociétés qui ne participent pas à l'innovation et n'ont qu'un accès limité aux technologies qui en découlent. Ces personnes vivent dans «*les ghettos du nouveau village global*[51]».

Telles sont les nouvelles conditions de l'inégalité des sociétés humaines. Ce classement n'est pas sans rapport avec le positionnement prévalant dans la période contemporaine. Il s'en distingue cependant.

Certains pays de l'Asie du Sud, de l'Amérique latine et de l'Afrique subsaharienne appartiennent au second groupe. Cependant, certaines de leurs composantes ont peu de relation avec les nouvelles technologies et en conséquence font partie du troisième groupe. Le Brésil, l'Afrique du Sud, le Mexique, l'Inde et la Chine illustrent ces nouveaux positionnements.

Il s'en distingue aussi par l'ampleur et la puissance des flux qui innervent partout les nouveaux rapports entre les sociétés et les hommes, nourrissent l'imaginaire et produisent des représentations inédites de la vie, des communautés humaines et finalement de l'humanité. On pense aux jeunes générations des pays intermédiaires et des pays à faible revenu, aux adhérents des ONG des pays pauvres qui, grâce aux technologies de l'information, mesurent quotidiennement les limites de leurs ressources comparativement à celles de leurs partenaires internationaux.

On pense aussi aux créateurs, aux producteurs et aux entrepreneurs de ces pays conscients des nouvelles possibilités offertes par la globalisation et ne disposant pas des indispensables soutiens financiers, fiscaux et technologiques pour y avoir accès.

On pense enfin aux administrateurs nationaux écrasés par les puissants moyens d'analyses et de savoirs, de calculs et de prévisions dont disposent leurs vis-à-vis bilatéraux ou multilatéraux. Au-delà des statistiques mesurant les inégalités, une nouvelle fracture technologique du monde amplifie le sentiment d'exclusion dans un temps où la communication dispose de leviers puissants.

Certains doutent des chances de réussite d'une vraie implantation des technologies à vocation universelle dans les zones dites sous-développées du monde. Ceux-là prétendent que le temps de leur établissement n'est pas encore venu. D'autres croient que ces technologies leur permettront de franchir d'une façon accélérée les étapes du développement et ainsi d'accéder à un positionnement enfin favorable.

Il convient d'écarter ces deux positions extrêmes. Les pays intermédiaires et les pays à faible revenu ont besoin d'innovation et d'accès aux technologies les plus avancées de notre temps. Pour eux aussi, elles recèlent des gisements de croissance et de développement.

Dans le cas des technologies de l'information et de la communication, l'innovation signifie l'adaptation des technologies aux contraintes particulières de ces régions, l'expérimentation en vue d'applications nouvelles, notamment de nature collective, et la réduction des coûts des outils technologiques. Dans le cas des biotechnologies, l'innovation signifie l'inclusion des besoins spécifiques de ces pays, entre autres dans les domaines de l'agriculture, de la foresterie, des sciences hydriques et dans le champ si peu exploré par la science moderne de la santé des humains dans la zone tropicale du monde.

Certes, certains modes conviviaux propres aux technologies de l'information sont de nature universelle et les patrimoines disponibles sur la Toile rejoignent les besoins, les attentes et les intérêts communs. Cependant, l'extension des systèmes d'information des pays développés en direction des pays intermédiaires et des pays à faible revenu est peu susceptible d'assurer leur insertion dans la globalisation technologique telle qu'elle a été conçue, financée et développée dans les dernières décennies. La globalisation ne constitue en rien un outil du développement. Le développement est une étape obligée vers la globalisation.

Sans nier la fécondité des lois du marché, ces dernières seules ne porteront pas le développement confondu à des parts du marché mondial ou aux seules conditions exigées par les investisseurs. Cette «perversion des perspectives» domine aujourd'hui la relation Nord-Sud comme si l'intégration globale avait priorité absolue sur les conditions de vie des personnes et sur les équilibres sociaux et économiques des sociétés. La globalisation n'est pas un substitut au développement[52].

D'autres logiques doivent présider à l'appropriation par les pays intermédiaires et les pays à faible revenu des technologies à vocation universelle.

– Une logique de la mise à niveau de leurs infrastructures de communication et de services techniques, de financement et de gestion des systèmes.

– Une logique de leur mise à contribution pour conforter les systèmes nationaux de base dans les domaines premiers du développement: alimentation, éducation, santé, information scientifique concrète et d'utilisation immédiate[53]. Les modèles des pays développés ne sont pas transférables en leur totalité. Un demi-siècle d'aide publique au développement l'a amplement prouvé. Cette logique de mise à niveau est à l'œuvre dans de nombreux pays du Sud (le Ghana, l'île Maurice, le Botswana et la Tunisie) qui se sont dotés de plans nationaux de développement et d'application des technologies de l'information.

– Une logique de planification par domaine prioritaire des besoins en technologie de l'information, y compris la recherche des coûts compatibles avec les niveaux des ressources disponibles.

– Une logique de l'intégration régionale au plan des politiques d'achat des technologies et à celui du commerce des produits de base comprenant l'offre et la demande, le traitement des transactions et celui des paiements.

Outre ces préalables d'ensemble, les coopérations devraient retenir les trois orientations suivantes :

– Œuvrer en priorité pour soutenir les projets nationaux et régionaux, la création des produits et services multimédias orientés vers la recherche endogène, les réseaux sociaux, la bonne gouvernance, centrale et locale, l'agriculture, l'éducation et la santé.

– Œuvrer en priorité pour combler l'absence d'investissements étrangers directs en multipliant les formules conjointes de financement, secteur public et secteur privé, comme ont commencé à le faire le PNUD[54] et l'Union européenne[55]. S'il s'agit simplement d'initiative visant à accroître les parts de marché multinational, l'entreprise sera de peu d'utilité pour ces destinataires. Réduire la fracture numérique suppose la montée sur le réseau des réseaux des ressources, recherches, savoirs des pays en développement et en conséquence et en priorité le soutien aux capacités nationales et régionales de production de ces ressources, recherches et savoirs en fonction de leurs besoins spécifiques. Il faut rompre absolument avec toute conception de la coopération qui nie cette capacité ou la relègue à des futurs lointains.

– Œuvrer en priorité pour établir là où elle n'existe pas, conforter là où elle existe la coopération Sud-Sud en matière de technologies de l'information et de la communication. La Chine et l'Inde, pour ne citer que ces exemples, disposent de technologies adaptées et à des coûts largement inférieurs à ceux des pays dits développés.

Comme nous l'avons établi précédemment, les sciences de la vie et les biotechnologies en découlant occupent désormais une place centrale dans l'activité humaine. Elles sont notamment d'une extrême puissance dans trois domaines essentiels pour les pays en développement : l'agriculture, la santé et l'environnement.

Dans le cas de l'agriculture, l'impérieux besoin d'accroître rapidement la production et d'en améliorer la qualité dans les zones sous-développées du monde répond à une urgente nécessité.

- Près d'un milliard de personnes aujourd'hui, deux milliards en 2020 si les tendances actuelles perdurent, seront victimes de sous-alimentation chronique.

- Deux milliards aujourd'hui, 3,5 milliards en 2020 sont et pourraient être victimes de carences alimentaires graves et continues.

Dans les pays à faible revenu et dans un grand nombre de pays intermédiaires, la croissance des rendements agricoles est aujourd'hui inférieure à la croissance démographique.

Enfin, pour nourrir les deux milliards de personnes qui naîtront d'ici 2020, on a estimé qu'il fallait atteindre un niveau de croissance de la production supérieur de 40 % au niveau actuel.

Combattu par les uns, soutenu par les autres, le recours aux biotechnologies, aux nouvelles capacités d'enrichir la qualité et d'accroître le volume des productions agricoles, de renforcer les espèces végétales et animales en fonction de situation spécifiques – aridité des terres, érosion des sols, sécheresse et désertification, abondance des maladies parasitaires, invasion massive d'insectes, conditions atmosphériques défavorables – s'impose spontanément. L'association biotechnologique indienne a résumé comme suit les perspectives retenues par un grand nombre :

> *Les biotechnologies sont pertinentes pour les pauvres. Elles ne sont pas neutres comme la mécanisation et elles offrent des solutions à leurs problèmes complexes. Le monde industriel ne souffrira pas d'insuffisance alimentaire. C'est le monde en développement, l'Inde incluse, qui est affligé de cette insuffisance au moment même où s'accroît la demande. Les biotechnologies offrent des bénéfices certains, et comportent des risques hypothétiques*[56].

Certains plaident pour une distribution plus équitable de la production agricole mondiale actuelle et soutiennent qu'elle pourrait conduire à la satisfaction des besoins de base de l'ensemble de la famille humaine. Vraisemblablement, ces personnes ne souffrent pas d'insuffisance alimentaire et ne vivent pas dans des sociétés affectées par un tel scandale. Malgré les surplus accumulés par les pays développés et l'augmentation des subventions à leur secteur agricole, aucun plan sérieux ni aucune proposition ne laisse entrevoir une distribution plus équitable. Bien sûr, il ne faut pas abandonner la thèse de «l'équité d'abord», mais il y a lieu d'explorer d'autres voies, d'expérimenter d'autres méthodes pour satisfaire les besoins alimentaires vitaux de centaines de millions de personnes dans le monde.

Les biotechnologies appliquées au secteur agricole posent de redoutables défis. Par ailleurs, l'agriculture classique transformée en agriculture industrielle dans la zone développée du monde n'a pas su répondre aux besoins alimentaires de base de la famille humaine. En plein respect du «principe de précaution» et des contenus des protocoles sur la diversité, les pays intermédiaires et les pays à faible revenu doivent explorer les possibilités offertes par les sciences de la vie et en tirer les avantages que les secteurs industriels des pays avancés en tirent déjà et en tireront dans les prochaines décennies. Dans son rapport annuel pour 2001, le Programme des Nations Unies pour le développement souligne avec raison le «potentiel unique» des OGM pour l'alimentation du monde.

Prenant en compte leurs besoins spécifiques, cherchant à consolider des productions qui leur sont essentielles mais d'aucun intérêt pour les multinationales du domaine, multipliant les coopérations Sud-Sud, ces pays ne doivent pas attendre d'être réduits à un simple marché par les puissances extérieures. Ils doivent faire avancer la recherche en vue d'éliminer les principaux risques inhérents à l'application des biotechnologies dans le domaine agricole, utiliser tous les moyens dont ils disposent pour conserver la propriété de leur ressource génétique et la mettre en valeur sans exclure les partenariats, mais à des conditions qui leur soient avantageuses. Ces ressources sont devenues «les plus recherchées du monde». Les ressources génétiques ne sont pas un bien privé, un bien aliénable. Elles appartiennent au patrimoine commun de l'humanité.

En 2000, on a estimé à 369 le nombre des médicaments découlant d'application des biotechnologies à la pharmacologie. Certains de ces médicaments sont d'utilisation universelle. Peu d'entre eux visaient explicitement les maladies propres aux pays en développement – paludisme, choléra, lèpre, pneumonie, diarrhée et tuberculose. En Afrique, près de trois millions de personnes meurent annuellement du paludisme.

Ces maladies expliquent le piège d'une fécondité élevée et d'une mortalité élevée, la chute récente de l'espérance de vie dans de nombreux pays du Sud, la pauvreté qui découle notamment de l'absence d'accès aux soins de santé de base. Dans son Rapport du millénaire, Kofi Annan rappelait que « *dans la plupart des pays à faible revenu, les dépenses annuelles de santé sont inférieures à 10 $ par personne[57]* ».

Scandaleux, cet état de fait illustre les déséquilibres tragiques affectant ce secteur premier pour la satisfaction des besoins humains et prouve l'insuffisance du système libéral dans ce domaine.

> *Sur les 56 milliards de dollars qui sont consacrés chaque année à la recherche médicale dans le monde, moins de 10 % vont aux problèmes de santé qui affligent 90 % de la population mondiale. La pneumonie, la diarrhée, la tuberculose et le paludisme – maladies qui causent d'énormes problèmes de santé publique dans les pays en développement – ne bénéficient que de moins de 1 % de l'ensemble des budgets de recherches médicales.*
>
> *Les conséquences en sont effroyables. À lui seul, le paludisme tue une personne toutes les 30 secondes, surtout des enfants de moins de 5 ans et des femmes enceintes...*
>
> *De manière plus générale, si plus de gens avaient accès aux médicaments essentiels, aux vaccins et à des moyens aussi simples et économiques que les moustiquaires imprégnées d'insecticides, on pourrait faire considérablement baisser les taux de mortalité et d'invalidité chez les pauvres dans le monde entier[58].*

Dans ces domaines aussi, la coopération Sud-Sud pourrait s'avérer d'une grande fécondité en raison des similitudes des maladies frappant les pays en développement majoritairement situés dans la zone tropicale du monde et en raison des travaux considérables conduits dans certains d'entre eux. On pense à l'Inde qui dispose de centres de recherche de qualité, dont certains spécia-

lisés dans les maladies tropicales, d'entreprises perfor-
mantes dans les secteurs de la pharmacologie, d'un
comité national d'éthique sur le génome humain prenant
en compte les questions fondamentales posées par les
matériaux biologiques utilisés dans les différentes
branches des biotechnologies[59].

CONCLUSION

L'aboutissement des deux cycles, technologique et géopolitique, ouverts à la fin du siècle dernier est imprévisible. Ses pleins effets appartiennent à la longue durée de l'histoire. Mais la plus-value de science et de puissance produite en ces quelques années décisives a engagé l'humanité dans une ère nouvelle dont nous ne connaissons que le prologue.

L'impasse actuelle découle de la conjugaison de cette imprévisibilité radicale et de cette plus-value incontestable. Les structures acquises tout au long du XXe siècle sont dissoutes. Certes, elles recouvraient des idéologies, des alliances et des espérances contradictoires, mais elles cohabitaient dans un cadastre d'ensemble marqué par la prévisibilité, la maîtrise des rapports de force et un système multilatéral convenu. Ces structures acquises sont désormais anéanties.

Une décennie plus tard, l'idée de la totalité répandue dans le vacuum global, la fameuse mondialisation conjuguant la prépondérance américaine et l'ouverture manifeste du monde, apparaît insuffisante. Ses bénéficiaires la présentent comme un nouvel ordonnancement d'ensemble. Toutefois, elle n'offre pas le confort de l'ancienne prévisibilité, l'assurance d'un équilibre dans les rapports entre pays et régions du monde et les fondements d'un système cohérent, stable et durable. Comme nous l'avons montré, un immense travail de ces nations et régions sur elles-mêmes et entre elles-mêmes, notamment en Europe et en Asie visant à mettre en place et à conforter les conditions d'un ordonnancement d'ensemble qui inclut et déborde les données principales de la globalisation s'avère nécessaire. Engagé, ce travail sera long et difficile, et personne ne peut prédire ce qu'il en résultera. En effet, la prépondérance américaine est colossale, avec plus de 30 % du PIB mondial, plus de 40 % des dépenses de recherche et de développement et, selon les plus récentes évaluations, près de 50 % des dépenses militaires du monde. Ces positionnements fondent la puissance des États-Unis, leur suprématie scientifique, technologique, économique, financière et commerciale, leur capacité unique de produire l'innovation et leur pouvoir d'intervention à l'échelle globale.

Au moment de la rédaction de ce texte, l'opposition entre les États-Unis, d'une part, et la France, l'Allemagne, la Fédération de Russie et la Chine, d'autre part, au sujet de l'Irak illustre l'incidence géopolitique de cette prépondérance et la nouvelle fragilité d'un système international débordé par les nouveaux rapports de force à l'œuvre à notre époque. Le système onusien, les alliances vouées à la sécurité, la convergence historique des grandes démocraties sont ébranlés, et seront demain peut-être fracturés.

Spectaculaires, ces événements ont un lien direct avec la conjoncture imposée par les attentats du 11 septembre 2001, et pourtant ils la débordent. L'ampleur de l'impasse qu'ils révèlent et qu'ils creusent découle des effets des cycles nouveaux qui ont pulvérisé l'ordre ancien, brouillé les repères acquis pour la sécurité, la prospérité et la dignité des communautés humaines et mis à mal les ressources institutionnelles communes.

Comme le rappelle Eric Hobsbawm, les États-Unis sont aussi une superpuissance idéologique. Le libéralisme économique qui anime ce pays n'a pas encore intégré son nouveau positionnement global. Il ne s'agit plus de ce système contre un autre système, mais d'un système sans un autre système. Il est à présent le seul fiduciaire du vaste domaine des désirs et besoins humains à l'échelle de la planète.

L'impasse actuelle résulte de sa revendication d'autonomie absolue, de sa prétention à animer seul le développement, de sa volonté de s'approprier l'ensemble des tâches qui assurent la cohésion sociale des sociétés, de toutes les sociétés. Sa prétention à étendre ses règles propres à l'ensemble des domaines de l'activité des hommes met à mal la dimension politique et sociale de l'économie.

Certes, l'économie de marché n'est pas en cause. Comme l'affirme Octavio Paz, sa nécessité est manifeste, elle est le cœur de l'activité économique, l'un des moteurs de l'histoire. Une question centrale lui est cependant posée. Que devra-t-elle devenir pour constituer une voie diversifiée d'organisation du monde, pour ajouter à son vieil arsenal du côté de la liberté et de l'efficacité les besoins manifestes de solidarité, d'équité, de justice et de partage des richesses du monde? Certains prétendent que ces dimensions sont contraires à sa logique et à sa nature. Si tel est le cas, l'impasse actuelle deviendra durable.

L'humanité et les sociétés qui la constituent ne sont pas une grande zone homogène où peut s'appliquer un modèle unique de développement. Elles se composent de méthodes de coexistence d'une grande diversité, de niveaux de développement forts contrastés, de traditions séculaires de solidarité et de conception des rapports humains.

Il ne faut pas perdre l'idée de règles et d'exigences communes. Elle répond à d'indéniables nécessités. Toutefois, on conviendra qu'on ne peut les appliquer d'une même manière à Stockholm et à Bamako, à Londres et à New Delhi. On admettra de plus qu'elles ne peuvent dépendre de la capacité des uns à contraindre les autres et, en même temps, à s'abstraire des règles dites communes.

Cette injustice systémique est au cœur de l'impasse actuelle. Dans un cas, illustré notamment par la crise majeure des économies asiatiques, l'absence de règles s'agissant de la circulation des capitaux a provoqué une détresse sociale d'une extrême gravité. Dans d'autres cas, l'appauvrissement de vastes zones du monde découle de règles inéquitables qui ont accentué le dénuement d'une grande multitude. Ce système suscite l'inégalité, la creuse là où elle existe, la crée là où elle se résorbait. Bref, les bienfaits de la mondialisation profitent d'abord aux zones développées du monde. Ailleurs, « *elle produit l'instabilité économique et la misère sociale[1]* ». Cette opinion de Kofi Annan est aujourd'hui largement partagée.

L'ordonnancement du monde ne saurait être réduit à l'expansion des marchés. La croissance et le développement importent. Sans eux, la détérioration de la carte vitale de l'humanité que nous avons dressée s'étendra à de nouvelles zones d'incivilité qui fractionneront davantage la famille humaine. Elle produira des revendications dont les formes extrêmes ont récemment plongé le monde dans une prostration globale. Elle fera reculer, sous toutes les latitudes, les régimes des droits et libertés et les conditions concrètes et durables de leur déploiement pour tous.

Quelles structures d'ensemble cette ère nouvelle peut-elle adopter? Quelles seront ses institutions globales et quelle cohérence y aura-t-il entre elles?

Le Secrétaire général des Nations Unies a posé ces questions avec force dans son célèbre rapport *Nous, les peuples* publié en juin 2000. Invoquant le caractère « obsolète » des institutions internationales, dont celle dont il a la charge, Kofi Annan prouve hors de tout doute que ces dernières expriment le monde tel qu'il s'est formé au lendemain de la Seconde Guerre mondiale davantage que celui qui a été frappé par «l'ouragan de la mondialisation». Manque et besoins se conjuguent à nouveau et avec eux le sentiment diffus d'une gouvernance globale à refonder et à reconstruire.

Enfin, l'impasse actuelle découle de la différenciation des temps technologique, économique et social qui marquent le développement des sociétés humaines. Une fracture matérielle et technologique sans précédent se creuse entre les représentations coutumières et les nouvelles explications, les nouvelles capacités d'intervention dans et sur l'Univers, la matière et le vivant. Cette fracture a bien quelque précédent. Ce qui est nouveau, c'est le caractère global de ses effets. Aucune société n'est à l'abri. Les conséquences de la mondialisation sont plus vastes que la simple expansion des marchés à l'échelle globale.

Issue des récents progrès scientifiques et technologiques, cette fracture inclut et déborde les anciennes catégories, notamment celles liées aux niveaux de développement. Elle fédère des groupes disparates partageant diverses inquiétudes, de la sauvegarde de l'intégrité de la planète aux effets des transformations génétiques du vivant, toutes espèces confondues; de la résurgence des grandes pandémies et de leur expansion dans le monde à l'iniquité flagrante dans l'accès aux médicaments; de l'iniquité des nouvelles règles commerciales à l'extrême pauvreté qui frappe des centaines de milliers de personnes dans le monde, privées des droits politiques, économiques, sociaux et culturels dits universels.

L'impasse actuelle appelle une nouvelle délibération globale, la recherche d'un compromis exemplaire entre l'outil du libéralisme et la finalité d'un développement mondial inclusif, celle aussi des conditions d'une gouvernance globale, garante de règles équitables communes, susceptibles aussi de soutenir la stabilité, la croissance et le développement pour tous. Ancienne, cette exigence de justice est dorénavant universelle.

NOTES

CHAPITRE PREMIER

1. « Dirigeants de sept grandes démocraties industrialisées et Président de la Commission européenne », expression tirée du Préambule du Sommet de Kyushu-Okinawa, 2000.
2. C. de Benedetti, *What Are the Perspectives of the Information Society in Term of Development of Demand?* G7 ministerial conference on the global information society, Bruxelles, Commission européenne, 1995, p. 15.
3. François Caron, *Les Deux Révolutions industrielles du XXᵉ siècle*, Paris, Albin Michel, 1997.
4. Régis Debray, *Le Pouvoir intellectuel en France*, Paris, Ramsay, 1979.
5. *L'Événement*, 11 mars 1999.
6. Lawrence Lessig, *Code and Other Laws of Cyber Space*, New York, Basic Book, 2000.
7. « Regulating the Internet », *The Economist*, 10 juin 2000.
8. OCDE, *Une nouvelle économie? Transformation du rôle de l'innovation et des technologies de l'information dans la croissance*, Paris, OCDE, 2000, p. 17.
9. John Gibbons, *This Gifted Age*, New York, Spinger Verlag, 1997, p. 209.
10. Pour une analyse exhaustive de l'évolution des technologies de la communication et de leur contrôle dans la période contemporaine, voir Peter J. Hugill, « Geopolitics and Technology », dans *Global Communications since 1844*, Baltimore and London, John Hopkins University Press, 1999.

11. John Gibbons, *op. cit.*, p. 159.
12. Arthur Miller, *Au fil du temps*, Paris, Grasset, 1987, p. 831.
13. Kishore Mahbubani, *Can Asians Think?*, Toronto, Key Porter Books, 2001, p. 170.
14. *Technology for America's Economic Growth; Technology Initiatives*, février 1993 ; Al Gore, *Reinventing Government; Technology for a sustainable Future: A Framework for action*, National Security Science and Technology, juillet 1995.

CHAPITRE II

1. Sommet Kyushu – Okinawa 2000, communiqué, 23 juillet 2000.
2. OCDE, *Le Monde en 2020*, Paris, OCDE, 1997.
3. OCDE, *Perspectives des communications de l'OCDE*, Paris, OCDE, 1999 ; OCDE, *Perspectives des technologies de l'information de l'OCDE*, Paris, OCDE, 2000 ; OCDE, *La Réforme de la réglementation aux États-Unis*, Paris, OCDE, 2000 ; OCDE, *La Nouvelle Économie est-elle une réalité? Réunion du conseil de l'OCDE au niveau ministériel*, Paris, OCDE, 2000.
4. Aileen Kwa, *WTO and Developing Countries: Focus on the Global South*, Bangkok, novembre 1998.
5. <http:// www.avca.wto.ministerial.org >

CHAPITRE III

1. Ken Croswell, *The Universe at Midnight*, New York, Free Press, 2001.
2. *Le Monde*, 10 décembre 2000.
3. *Heavenly Clockwork: The Great Astronomical Clock of Medieval China*, Cambridge, Cambridge University Press, 1960 ; P. C. Bagghi, *India and China: A Thousand Years of Sino-Indian Cultural Relations*, Bombay, Hind Kital, 1944.
4. Stevens Garrett et Scott Backans, « The Power of Sound », *American Scientist*, novembre-décembre, 2000.
5. L'énergie noire qui soutient l'expansion de l'Univers a été qualifiée de mystère le plus profond de la physique et de l'astronomie. *Nature*, avril 2000.

6. Éric J. Chaisson, *Cosmic Evolution: The Rise of Complexity in Nature*, Cambridge, Harvard, University Press, 2000.
7. Ce sont plus de 20 émissaires qui ont atteint la planète Mars. Éloignée de la Terre de 56 millions de kilomètres, Mars aurait pu autrefois réunir les conditions propres à l'apparition de la vie. On peut imaginer l'installation de postes avancés de recherche et d'exploration de l'Univers sur cette planète. Daniel Goldin, « Human Quest », *Harvard International Review*, printemps 1999, p. 26 s.
8. Cette tension s'est atténuée dans l'entreprise multilatérale de la construction de la station spatiale internationale, entreprise dominée par les États-Unis et l'Union soviétique. James Oberg, *Star-Crossed Orbits: Inside the US-Russian Space Alliance*, New York, McGraw-Hill, 2002.
9. À la suite d'un accord international, cinq satellites d'observation climatologique contribuent à la collecte de données concernant la prévision climatique. De ces satellites, quatre sont des entreprises américano-européennes auxquelles s'ajoute le satellite japonais Hima Wari 5. En 1997 et en 1999, la NASA a mis en orbite les satellites d'observation terrestre suivants : Quikscat (1999) pour mesurer la vitesse et la direction du vent, Terra (1997) pour établir la dimension et l'orientation des nuages et Tropical Rainfall Measuring Mission (1997) pour mesurer la quantité d'eau tombant lors d'une tempête majeure.
10. Deux projets de cartographie digitale de la Terre ont été lancés ces dernières années, l'un de la NASA à partir des données accumulées par le *Space Shuttle Endeavour*, l'autre connu sous l'appellation Global Map en suivi de la conférence de Rio (1992). Ces projets regroupent les ressources de 14 pays et devaient normalement fournir des données sur les altitudes, les végétations, les terres cultivées ou construites, les rivières, les frontières, les réseaux routiers et les démarcations administratives...
11. Le programme spatial japonais Kim 7 a confié à des robots, des ordinateurs et des vidéos la tâche de gérer un rendez-vous spatial entre deux satellites, Orihima et Hikoboship. En mai 2002, pour remplacer une aile du télescope Hubble, l'astronaute Nancy Currie travaillait à l'aide du bras-robot de *Columbia*.

12. Philip Ball, *Made to Measure: New Materials for the Twenty First Century*, Princetown, Princetown University Press, 1999.

13. Albert Harrison, *Spacefaring. The Human Dimension*, Los Angeles, University of California Press, 2001.

14. Bruce Jakosby, *The Search for Life on Other Planets*, Cambridge, Cambridge University Press, 1998.

15. L'idée de colonies humaines dans l'espace a donné lieu à différents modèles visant à reproduire dans l'espace un environnement identique à celui prévalant sur la Terre. On peut consulter l'un de ces modèles prévoyant plusieurs centaines d'habitants à l'adresse Internet suivante : <http://www.spacehoy.nasda.jp/note/kouso/E/kou02_colony-e/html>

16. Le nouvel institut, fondé en septembre 1998, regroupe un collectif d'universités, d'institutions de recherche et de centres spécialisés de la NASA.

17. NASA, *Astrobiology Institute, The Role of Astrobiology in Solar System Exploration*, NASA, 25 octobre 2001.

18. M. Freidman, *The Future of War: Power, Technology, an American World Dominance in the 21st Century*, New York, Crown Publishers, 1996 ; M. Hewis, « US Army Towards a Digital Horizon », *International Defense Review*, vol. 31, n° 1, 1998, p. 11.

19. Neil J. Mac Farlane, « International Security and the RMA », dans *Security, Strategy Global Economies of Defense Production*, Montréal & Kingston, McGill & Queens University Press, 1999.

20. Mémo du général Merill A. McPeak, commandant en chef de l'armée de l'air américaine aux commandants, *Spacecast 2000*, 10 septembre 1993. Voir aussi Merill A. McPeak, « Ensuring Technology Preeminence of United States », Washington DC, 5 janvier 1994.

21. *A History of the European Space Agency* 1957-1987. Volume 1 : *The story of ESRO and ELDO*. Volume 2 : *The story of ESA*, Noordwijk, ESA publications, 2000.

22. « The Information Office of the State Council », *People's Republic of China*, 22 novembre 2000.

23. Les importants travaux conduits par Barry Paterson du Air War College américain corroborent cette évaluation. Dès 1995, ce spécialiste de la politique spatiale chinoise

affirmait: *La Chine s'est positionnée elle-même comme un « leader » dans le domaine spatial. Elle a développé ses propres sites, ses structures de commandement, de contrôle et de communication, et un système efficace de récupération. La Chine a démontré ses capacités de lancement et développé un système agressif de mise en marché.* Barry J. Paterson, « China's Space Program and its Implications for the United States », *Maxwell Air Force Base*, Alabama, 19 avril 1995.

24. À ces applications correspond un vaste réseau d'institutions spécialisées. À titre d'exemple, on peut citer le Centre national de météorologie par satellite, le Centre national d'application des ressources spatiales ou encore le Centre d'application des données océanographiques.

25. Selon Barry J. Paterson, 46 500 centres éducatifs et autres institutions de réception constituent le formidable réseau d'éducation à distance interactive rendu disponible par le réseau satellitaire chinois. Barry J. Paterson, *op. cit.*, p. 13.

26. Pour une analyse de la coopération internationale dans le domaine spatial, on peut lire « Le Futur de l'exploration spatiale » de Cheik Modibo Diarra publié dans *Les Clefs du XXIe siècle*, Paris, Seuil / Unesco, 1999.

27. *Chinese Space News*, 6 novembre 2001.

28. Mark A. Stokes, « China's Strategic Modernisation : Implications for the U.S. », *United States Air Force Institute for National Security Studies*, septembre 1999.

29. Futron Corporation, *Satellite Industry Statistics Survey*, Bethesda, Maryland, <http://www.futron.com> 1997.

30. Barry J. Paterson, *op. cit.*, p. 16 s.

31. John H. Gibbons, *op. cit.*, p. 296.

32. « GPS in Space », *Technology Review*, janvier-février 2002, p. 22.

CHAPITRE IV

1. Erwin Schrödinger, *What is life?*, Cambridge, Cambridge University Press, 1944. Voir également Michael Murphy et Luke O'Neill, *What is Life? The Next Fifty Years, Speculations on the Future of Biology*, Cambridge, Cambridge University Press, 1995.

2. Jeremy Rifkin, *Le Siècle biotech*, Montréal, Boréal, 1998, p. 16.
3. *The Economist*, 3 juillet 1999.
4. Albert Jacquard, *Petite philosophie à l'usage des non-philosophes*, Paris, Calmann-Lévy, 1977, p. 22.
5. Axel Kahn, «Biotechnologies: vers le meilleur des mondes», dans *Les Clefs du XXIe siècle*, Paris, Seuil / Unesco, p. 77.
6. Jeremy Rifkin, *op. cit.*, p. 8.
7. Frederic Bushman, *Lateral DNA Transfer and Consequences*, Cold Spring Harbor, Laboratory Press, 2002.
8. Axel Kahn, *op. cit.*, p. 77.
9. Henri Bergson, *L'Évolution créatrice*, Paris, Presses universitaires de France, 1959, p. 506.
10. Dans un entretien récent, le prix Nobel de chimie Walter Gilbert affirmait : «*Nous savons désormais ce qui advient dans l'ippocampe (structure cérébrale jouant un rôle central pour la mémoire) et nous pouvons infléchir les mécanismes d'interrelations entre les cellules, le système qui les fait parler entre elles. S'agissant de la mémoire, nous pouvons en étudier le processus en activant ou en neutralisant certains gènes.*», *Technology Review*, octobre 2001.
11. Philippe Rouvillois et Guy Lefur, *La France face au défi des biotechnologies: quels enjeux pour l'avenir?*, Paris, Éditions des Journaux officiels, 1999, p. 7 s.
12. Jeremy Rifkin, *op. cit.*, p. 29 s.
13. J. R. McNeil, *Something New Under the Sun: An Environment History Of The Twentieth Century World*, New York, Norton and Company, 2000.
14. Pour consulter la base de données génomiques : <http://www.gdb.org>
15. «Drowing Data», *The Economist*, 26 juin 1999.
16. Selon le directeur du Centre national français de séquençage, les outils informatiques dont dispose la société Celera du fait de son entente avec la Perkin-Elmer multiplient par un facteur de 10, et peut-être même plus les performances de ceux dont nous disposons aujourd'hui... du seul point de vue de la capacité de séquence, le facteur différentiel serait de 40 à 50. *Le Monde*, 3 juin 1998. Voir aussi le *Herald Tribune*, 24 juillet 2000.
17. *Le Monde*, 12 avril 2001.

18. « Institute for System Biology », *Herald Tribune*, 9 avril 2001.
19. « The Human Proteone, The Proteonics Payoff », *Technology Review*, octobre 2001.
20. *The Economist*, 26 août 2000 ; *Technology Review*, novembre 2001.
21. M. Berman, D. Goodsell, P. Bourne, « Protein Structures : From Famine to Feast », *American Scientist*, vol. 90, juillet-août 2002.
22. « Glycomics, Sugar Could Be Biology's Next Sweet Spot. Bankrolling the Future », *Technology review*, octobre 2001.
23. *Le Monde*, 30 mars 2002.
24. Edward O. Wilson et Charles Lumsden, *Promethean Fire : Reflections on the Origin of Mind*, Cambridge, Harvard University Press, 1983 ; *Consilience : The Unity of Knowledge*, New York, Alfred A. Knopf, 1998.
25. <http://www.genesage.com>
26. *Futuribles*, janvier 1999.
27. La mise à jour de ces mécanismes et notamment du gène *start*, gène donnant le signal de départ de ces mouvements et des molécules en assurant la suite logique et vérifiée, a valu aux professeurs Hartwell, Hunt and Nurse le prix Nobel de médecine 2001.
28. *Le Devoir*, 24 septembre 2000.
29. Peter Schwartz, *Red Herring*, octobre 2001. Voir aussi : James Thomson et John Gearhart, « Human Embryonic System : Cell Research, Science and Ethics », *American scientist*, juillet-août, 1999.
30. Francis Fukuyama, *On Posthuman Future : Consequences of the Biotechnology Revolution*, New York, Farrar, Straus & Giroux, 2002.
31. Richard Lewontin, *It Ain't Necessary So : The Dream Of the Human Genom and Other Illusions – The Triple Helix : Gene, Organism and Environment*, Cambridge, Harvard University Press, 2000.
32. *Technology Review*, septembre-octobre 2000.
33. « The Long Horizon of Gene Therapy », *New York Times*, 12 décembre 1999.
34. « The Online Gene Pool », *Wired*, décembre 2000.
35. OCDE, *La Biotechnologie au service de produits et de procédés industriels propres*, Paris, OCDE, 1998. En 1994,

l'OCDE a publié un premier rapport intitulé: *La Biotechnologie pour un environnement propre.*

36. Jean-Pierre Berlan, *La Guerre au vivant,* Paris, Agone, 2001; Gilles-Éric Séralini, *OGM: le vrai débat,* Paris, Flammarion, 2001.

37. P. Rouvillois, *op. cit.,* p. II.

38. Pour les États-Unis, l'industrie chimique représente près de 20% de l'ensemble de la production industrielle. *The Economist,* 25 mars 2000.

39. P. Rouvillois, *op. cit.,* p. 18.

40. En 1998, on comptait au Canada 282 sociétés dans le domaine. Ces dernières consacraient 585 millions de dollars à la recherche et généraient 1135 millions de dollars en revenu, dont 413 millions de dollars au titre de l'exportation, 58% dans le secteur agro-alimentaire, 39% dans le secteur de la santé. (*Industry Canada, Pathways to growth, Opportunities in Biotechnology,* Ottawa, 2000, p. 8.) En 1999, les 358 industries canadiennes dites biotechnologiques se répartissaient comme suit: santé humaine, 40%, agriculture et production animale, 29%, environnement, 10%, ressources naturelles et bioinformatique, 5% chacune, agriculture, 4%. (*Industry Canada, op. cit.*) Voir aussi: «Economic Profile of the Canadian Biotechnology Sector», *Life Sciences Branch, Industry Canada,* 31 mars 2000.

41. «U.S. Resolved to Harness Full Biotech Potential», discours d'Alan Larson, sous-secrétaire d'État à l'Agriculture, Washington, 10 avril 2002.

42. John Gibbons, *op. cit.*

43. *The Economic Contributions Of Biotechnology Industry to the US Economy,* Ernst and Young, mai 2000.

44. *Ibid.*

45. P. Rouvillois, *op. cit.,* p. 27s.

46. Luc Girard, «Les biotechnologies volent la vedette», *La Presse,* 29 octobre 2001; Peter Keating, «Biotechnology Valuations are Finally Starting to Make Sense», *Red Herring,* mars 2002.

47. Pour un grand nombre d'analystes, l'avenir des sociétés pharmaceutiques repose de plus en plus sur le secteur des industries biotechnologiques. Voir *Fortune,* juillet 2001; et *Wall Street Journal,* 13 mars 2001.

48. L'expression «retard de l'Europe» recouvre une grande diversité de situations. Abritant 25 % des sociétés biotechnologiques européennes, la Grande-Bretagne revendique la seconde place, après les États-Unis, dans le domaine sur le plan global. Pour combler son retard, l'Allemagne s'est dotée d'un programme Biotech 2000 avec l'objectif avoué d'occuper le premier rang du domaine en Europe. «*La France [selon l'évaluation du Rapport Rouvillois], occupe une place très honorable au niveau de la science mais elle est en situation de faiblesse dès qu'il s'agit de transformer le savoir en innovation technologique*», P. Rouvillois, *op. cit.*, p. 44.

49. Le rapport Rouvillois établit que: «*Dans la course vers la biosociété, les dépenses américaines représentaient le double de celles de la communauté pour la recherche et bien plus encore pour les applications industrielles*», *op. cit.*, p. 35.

50. Didier Lombard, *Le Brevet pour l'innovation*, Paris, ministère de l'Économie, des Finances et de l'Industrie, gouvernement de la République française, février 1998.

51. Philippe Rouvillois et Guy Lefur, *La France face au défi des biotechnologies: quels enjeux pour l'avenir?*, Paris, Éditions des Journaux officiels, 1999, p. 21.

52. P. Rouvillois, *op. cit.*

53. Selon la *Biotechnology Industry Organization*, l'Afrique dispose dans le domaine des biotechnologies de 41 centres de recherche et de 43 sociétés commerciales œuvrant dans les domaines de l'alimentation humaine et animale, la foresterie et la santé. L'Afrique du Sud, l'Île Maurice, la Tunisie occupent le premier rang sur le continent.

54. «Biotechnology Parks in the Context of Indian Biotechnology Industry», *All India Biotech Association*, New Delhi, novembre 2000.

55. *Indian Pharmaceuticals and Biotech Industry:* <http://www.marketresearch.com>

56. Gary Jefferson et Inderjit Singh, *Entreprise Reform in China, Ownership, Transition and Performance*, New York, Oxford University Press, 1999.

57. Voir les sites Web suivants: *Chinese Markets for Biotechnologies:* <http//www.marketresearch.com>; Le laboratoire de biotechnologie moléculaire, Laboratoire Max Planck, Laboratoire de biologie cellulaire:

<http://www.hkit.org>; *Sino-Japanese Agreements on Arid Areas.* <http://www.bulletin.ac.cn>

58. Eric Horovitz, «Models of Continual computation», Tad Hogg, «Exploiting the Deep Structure of Contrainst Satisfactions Problems with Quantum Computers», et Robert Givan, «Obvious Properties of Computer Programs», chapitres dans AAAI 97, *Fourteenth National Conference on Artificial Intelligence*, Cambridge, MIT Press, 1997.

59. Richard Doyle, «The Emergence of Spacecraft Autonomy» et Paul Rybski, «A Cooperative Multi Robot Approach to the Mapping and Exploration of Mars», chapitres dans AAAI 97, *op. cit.* Voir aussi «Robo-Fly», *Technology Review*, novembre 2001; Michael Szpir, «Little Robots in Space», *American Scientist*, mars-avril 1998; Davis Goodsell, «Biomolecules and Nanotechnology», *American Scientist*, mai-juin 2000; et Alexandra Stikeman, «Nanobiotech Makes the Diagnostic», *Technology Review*, mai 2002.

60. Stefano Nolfi et Dano Floreano, *Evolutionary Robotics: The Biology, Intelligence and Technology of Self-Organizing Machines*, Cambridge, MIT Press, 2000. Voir aussi Juan Velasquez, «Modeling Emotions and Other Motivations in Synthetic Agents», Matthew Brand, «The Inverse Hollywood Problem: From Video to Script and Storyboard via Causal Analysis» et Eddie Schwaebs, «A New Unification Method for Temporal Reasoning With Constraints», chapitres dans AAAI 97, *op. cit.*

61. Menzel Peter et D'Aluisio Faith, *Robo sapiens: Evolution of a New Species*, Cambridge, MIT Press, 2000.

62. Pat Langley, «Machine Learning for Intelligent Systems», chapitre dans AAAI 97, *op. cit.*, p. 763.

63. «Machines With Minds of Their Own, Evoluable Hardware», *The Economist Technology Quarterly*, 24 mars 2001.

64. «Les Roboticiens invitent Darwin dans leur laboratoire», *Le Monde*, 20 septembre 2001; «L'Être bionique, mi-vivant, mi-machine sort des limbes», *Le Monde*, 20 août 2001.

65. Ray Kurzweil, *The Age of Spiritual Machines*, New York, Penguin Book, 1999.

66. «Reconfigurable Robots», *Technology Review*, mai 2002.

67. Milind Tambe, «Agent Architectures for Flexible, Practical Teamwork» et Dani Golberg et Maja Matarié, «Interference as a Tool for Designing and Evaluating Multi-Robot Controllers», chapitres dans AAAI 97, *op. cit.*

68. Jean-Louis Deneubourg, «Nouvelle robotique et intelligence collective», dans *Les Clés du XXIe siècle*, Paris, Seuil, 2000, p. 265 s.

CHAPITRE V

1. Gilles Bertrand, Anna Michalski, Lucio R. Pench, *Scénarios Europe 2010 : Cinq avenirs possibles pour l'Europe*, Commission européenne (cellule de prospective), juillet 1999.

2. Peter Hugill, *op. cit.*

3. Felipe Gonzalez, «European Union and Globalization», *Foreign Policy*, été 1999, p. 28.

4. Commission européenne, *Europe's Agenda 2000, Strengthening and widening the European Union*, Bruxelles, Commission européenne, 1999.

5. Commission européenne, *General Report on the Activities of the European Union 2000*, Bruxelles, Commission européenne, 2001.

6. Valéry Giscard d'Estaing et Helmut Schmidt, «Pour une Europe de l'euro», *Le Figaro*, 10 avril 2000.

7. *Ibid.*

8. Jean Daniel, «Où est passée l'Europe?», *Le Nouvel Observateur*, 5-11 mars 1998.

9. Christoph Bertram, Directeur du Stiftung Wissenschaft Und Politik de Berlin, Charles Grant, Directeur du Center for European Reform de Londres, François Heisbourg, Président du Centre de politique et de sécurité de Genève, «Défense européenne: les prochaines étapes», *Le Monde*, 28 juillet 2000.

10. Les forces conjuguées de l'OTAN représentent près de 4,5 millions d'hommes, dont 1,2 million en Amérique du Nord.

11. Organisation conjointe de formation en matière d'armement et accord-cadre (2000) signé par six membres de l'Union en vue de la construction de l'Europe de l'armement dans les six domaines suivants: sécurité

des approvisionnements, procédure d'exportation, sécurité des informations, recherche et technologie, traitement des informations techniques et harmonisation des besoins opérationnels militaires.

12. *Le monde*, 11 février 2001.
13. Felipe Gonzalez, *op. cit.*, p. 41.
14. Valéry Giscard d'Estaing et Helmut Schmidt, *op. cit.*
15. *Le Nouvel Observateur*, 9-15 octobre 1997.
16. Florence Autret, « Quand les quinze affrontent les États-Unis dans la sévère guerre », *Le Figaro économique*, 28 mai 2001.
17. Pour la première fois en l'an 2000, le nombre d'actionnaires allemands dépassait le nombre des membres des syndicats dans la grande république unifiée ; « Blockholdings in Europe : An International Comparison », *European Economic Review*, 1999.
18. *Le Monde*, 14-15 juillet 2002.
19. « Europe and The Global Information Society », le Rapport Baugemann, 1994.
20. Le rapport a défini 10 domaines d'application des TIC dont : le domaine du télétravail ; la mise en place de réseaux interconnectés entre universités/écoles, centres de recherche, bibliothèques ; l'utilisation de services télématiques pour les PME ; la création de réseaux de santé ; la mise en place de réseaux publics et privés d'information, de divertissement et de consommation par un système d'accès direct, sur une base locale, régionale et nationale.
21. Commission européenne, *Research and Technological Development Activities of the European Union*, Rapport annuel 2001 ; Commission européenne, *Proposition du Conseil arrêtant un programme spécifique 2002-2006 de recherche, de développement technologique et de démonstration à structurer l'Espace Européen de la Recherche*, mars 2001 ; Commission européenne, *Toward the Sixth Framework Program*, janvier 2002 ; Magali A. Delmas, « Innovating against European Rigidities Institutional Environment and Dynamic Capabilities », *The Journal of High Technology Management Research*, 2002, volume 13, p. 19-43 ; M. Pierre Laffitte, *Rapport sur les programmes multilatéraux de soutien à la recherche et à l'innovation*, n° 2330, Assemblée nationale, 7 avril 2000.

22. Laffitte, *op. cit.*, p. 8, voir aussi : OCDE, *International Mobility of the Highly Skilled*, Paris, OCDE, 2002.
23. Discours du président de la République française, Jacques Chirac devant le Bundestag, Berlin, le 27 juin 2000.
24. Gerhard Schröder, Entretien au *Financial Times*, 15 juin 2001.
25. Joschka Fisher, Discours à l'Université Humboldt, de Berlin, 12 mai 2000.
26. *Rapport sur l'état de l'Union européenne*, Paris, Fayard-Presse, 2000. Les auteurs mentionnent notamment la Banque centrale européenne (responsable devant aucun gouvernement) et une pluralité d'autorités budgétaires à l'action contrainte par le pacte de stabilité, et la Commission européenne qui se comporte comme une agence indépendante notamment en matière de politique de la concurrence. Dans ce domaine, la Commission a non seulement un pouvoir sur les entreprises, mais aussi sur les États. Elle peut par exemple interdire un traitement fiscal arrêté par un gouvernement national ou empêcher une fusion entre entreprises.
27. Jean Daniel, « L'axe Berlin-Washington », *Le Nouvel Observateur*, 25-31 janvier 2001.
28. Robert Kagan, « L'Europe post-moderne », *Le Monde*, 27 juillet 2002.
29. *Le Monde*, 1er mars 2002.
30. L'idée d'une fiscalité européenne propre fait l'objet de propositions nombreuses, « Call for Europe Wide Tax », *Financial Times*, 15 juin 2001 ; « Belgian Prime Minister Wants Euro-Tax Wich Would Bypass Governments », *The Guardian*, 10 février 2001.
31. « Recherche, l'Europe continue de perdre du terrain sur les États-Unis », *Les Échos*, 14 février 2002.
32. « L'Industrie européenne de la défense : le temps presse », *Problèmes économiques*, 18 mars 1998.
33. Valéry Giscard d'Estaing, « La dernière chance de l'Europe unie », *Le Monde*, 23 juillet 2002.
34. *Ibid.*
35. « Les États baltes en route vers l'Union européenne », *Problèmes économiques*, 2 décembre 1998.
36. Martin Malia, « Ce qui n'a pas marché en Russie », *Commentaires*, n° 89, printemps 2000.

37. Chrystia Freeland, *Sale of the Century, Russia Wild Ride from Communism to Capitalism*, New York, Crown Business, 2001; Stephen Cohen, *Failed Crusade, America and the Tragedy of Post-Communist Russia*, New York, W. W. Morton, 2001.

38. Cette puissance s'est notamment manifestée par le rejet, le 28 juin 2000, du programme de réformes économiques par la Chambre de la Fédération où siègent les représentants des régions. «Russia's Military Morass», *New York Times*, 22 août 2002.

39. B. Gemerek, *op. cit.*, p. 143.

40. *Ibid.*, p. 145.

41. «The G8 and Proliferation», *The Economist*, 29 juin 2002.

42. « Russia Oil and V.S. Security», *New York Times*, 5 mai 2002.

43. «Bush and Putin Annonce Energy Partenership», *Herald Tribune*, 25 mai 2002.

44. Robert Leguold, «Russia's Unformed Foreign Policy», *Foreign Affairs*, septembre 2001.

45. «Putin's Reassertion of Russia's Interests in Former East Bloc», *Herald Tribune*, 28 février 2001.

46. *Sommet Bush Poutine*, Communiqué, 14 novembre 2001.

47. All – Russia Research, *Institute of Agricultural Biotechnology*, <http://www.vniilk.lpb.ru>.

CHAPITRE VI

1. Banque asiatique de développement, *Key indicators: 2002*, Manille, 2002; Banque asiatique de développement, *The Development of Paradigms for Asia*, Manille, 2002.

2. Kuan Yew Lee, *The Man and his Ideas*, Singapour, Singaroe Press Holding, 1998.

3. Kishore Mahbubani, *Can Asians think?* Toronto, Time Book International, 1998.

4. Ibrahim Anwar, *The Asian Renaissance*, Singapour, Time Books International, 1996.

5. L'Ouest totalise 800 millions de personnes, le reste un peu plus de 5 milliards; Mahbubani affirme notamment que la population des États-Unis a crû de 41 % depuis 1960, les crimes violents, le nombre de filles-mères, de divorces et

d'abandons d'enfants de 560%, 419%, 300% et 300% respectivement dans la même période. OCDE, *The World in 2020*, Paris, OCDE, 1997.

6. OCDE, *op. cit.*, p. 113.

7. J. M. Roberts, *The Triumph of the West*, New York, Little Brown & Company, 1985; J. M. Roberts, *The Penguin History of the Twentieth Century*, London, Penguin Books, 1999.

8. Arundhati Roy, *Le Coût de la vie*, Paris, Gallimard, 1999.

9. D. Kristof et S. WuDunn, *Thunder from the East*, New York, Alfred A. Knopf, 2000.

10. Banque mondiale, *China 2020 : Development Challenge in the New Century*, Washington, Banque mondiale, 1997.

11. «Pocket world Figures», *The Economist*, édition 2002.

12. «China Emerging as Economic Power House», *New York Times*, 28 juin 2002.

13. Craig Addison, «A Silicon Shield Protects Taiwan from China», *Herald Tribune*, 29 septembre 2000. L'auteur a été directeur du *Electronic Business Asia Magazine* (1995-1997) et a publié *Silicon Shield* (2000).

14. «Mobile Communication, i-Modest Success», *The Economist*, 4 mars 2000.

15. «China Chip Marking», *The Economist*, 2 décembre 2000.

16. En novembre 2000, Motorola a annoncé un investissement de 1,9 milliard de dollars pour la construction d'une usine dans la ville côtière de Tienjin. Il s'agissait alors du plus important investissement privé étranger effectué en Chine. «Motorola Count on China to Battle the Slump in Telekom», *Wall Street Journal*, 11 novembre 2001.

17. *Forbes*, 13 novembre 2000.

18. H. Zuliv et S. Khan Mohsio, «Pourquoi la croissance économique de la Chine est-elle aussi rapide?», *Problèmes économiques*, 25 février 1998.

19. «China Worries Washington», *Herald Tribune*, 16 juillet 2002; «Will Business Suffer in a China Stalemate», *New York Times*, 8 avril 2001.

20. Sylvie Démurger, *Economic Opening and Growth in China*, Paris, OCDE, 2000, p. 50.

21. «Waves Under Water», *The Economist*, 16 décembre 2000.

22. «The Messiah of Cyberasia», *The Economist*, 8 janvier 2000.

23. *Wall Street Journal,* 21 novembre 2001; «Cyber Power Rises in the East», *Financial Post,* 23 mai 2000.
24. «ADB, in Talks on Launching Bond in China», *Financial Times,* 4 février 2000; *Herald Tribune,* 4 juillet 2001.
25. «Le XXIe siècle sera... asiatique», *Le Nouvel Économiste,* mars 2002.
26. Ibrahim Anwar, *op. cit.*
27. Kishore Mahbubani, *op. cit.*
28. Banque mondiale, *China 2020, op. cit.*
29. Kishore Mahbubani, *op. cit.,* p. 142s.
30. Michael Pillsbury, *China Debates the Future Security Environment,* Washington, National Defense University Press, 2000.
31. Yang Seung Yoon , «The Future of Regional Cooperation in Asia: ASEAN's Policy Towards ASEM», *East Asian Review,* hiver 2001; Shalendra D. Sharma, «Beyond ASEAN and APEC: Towards a New Asia Pacific Economic Regionalisation», *East Asian Review,* automne 2002; *Herald Tribune,* 11 novembre, 2000; *Le Monde,* Bilan du monde, Paris, 2001; «China Looking at Free-Trade Options», *Financial Times,* 22 novembre 2000.
32. Le pacte de coopération signé en 2001 par la Chine et le Viêtnam illustre cette volonté. Ce pacte «économique et technologique» prévoit l'ouverture de crédits importants à la disposition de Hanoi. *New York Times,* 21 décembre 2001.
33. *Herald Tribune,* 27 novembre 2000.
34. Fred Bergsten, «East Asian Regionalism: Towards a Tripartite World», *The Economist,* 15 juillet 2000; Fred Bergsten dirige l'Institute for International Economics à Washington et a présidé, entre 1993 et 1995, le Groupe des personnalités éminentes créé par l'APEC et visant à définir une stratégie de libre-échange dans la région pour 2010-2020.
35. Ramesh Thakur, «Japan's Rendez-Vous with India», *Herald Tribune,* 8 août 2000.
36. Gurcharan Das, *India Undound,* New Delhi, Alfred A. Knopf, 2000; Dipankar Gudpa, *India Between World,* New Delhi, Harper Collins, 2000.
37. «Clinton Warms to India», *The Economist,* 25 mars 2000. On a estimé à 100 milliards de dollars le volume de l'investissement taïwanais en Chine continentale.

38. On a estimé à 100 milliards de dollars le volume de l'investissement taïwanais en Chine continentale. « Taiwan to Expand Trade with China, *Globe and Mail*, 8 janvier 2001 ; *Wall Street Journal*, 8 novembre 2000. Voir aussi : « Intra-Regional Trade is Fuelling Asia's Recovery », *The Economist*, 26 août 2000 ; « L'investissement direct japonais en Chine : un même lit pour deux rêves », *Économie internationale*, n° 70, 1997.

39. Gérald Ségal, « Does China Matter ? » *Foreign Affairs*, septembre-octobre 1999 ; Laurence Brahm, *China as n°1*, Singapour, Butterworth & Heinemann, 1997 ; « Chine : les mutations d'un géant », Les dossiers du *Courrier international*, avril 1997.

CHAPITRE VII

1. En 2020, la famille humaine comptera 8 milliards de personnes, 50 % d'entre elles vivront en Asie, 20 % en Afrique, 12 % en Europe et en Amérique du Nord contre 33 % en 1930. OCDE, *Le Monde en 2020. Vers une nouvelle ère mondiale*, OCDE, Paris, 1997.

2. Banque mondiale, *Voices of the Poors : Crying Out for Change*, New York, Oxford University Press, 2000, p. 159.

3. Banque mondiale, *Poverty Reduction and the World Bank, Progress in operationalising the WDR 2000-2002*, Washington, Banque mondiale, 2002.

4. Rapport OMS sur l'évaluation de la situation mondiale de l'approvisionnement en eau et de l'assainissement en 2000 : <http://www.waterday.2002>

5. Kofi Annan, *Nous les peuples*, New York, Nations Unies, 2000.

6. Aminata Traoré, *Le Viol de l'imaginaire*, Paris, Fayard, 2002, p. 11.

7. OCDE, *International Mobility of the Highly Skilled*, Paris, OCDE, 2002.

8. Sommet de Gènes, Communiqué, 22 juillet 2001.

9. Banque mondiale, *Poverty Reduction and The World Bank. Progress in Operationalizing the WDR 2000-2001*, Washington, Banque mondiale, 2002.

10. Arjun Appadurai, *Après le colonialisme : les conséquences culturelles de la globalisation*, Paris, Payot, 1996.

11. *Ibid.*
12. *Ibid.*, p. 29.
13. Des phénomènes inédits accompagnent la nouvelle migration. On pense notamment à l'importation des cendres des ancêtres par les Asiatiques soucieux de protéger les valeurs de filiation qui sont au cœur de leurs cultures. «Even the Dead are Immigrating, International», *Herald Tribune,* 16 juillet 2002.
14. Tele Geography, *Report 2002*; Tele Geography, International Bandwidth 2001; Tele Geography, Packet Geography 2002, <www.telegeography.com>.
15. La révolution médiatique est un phénomène aux dimensions planétaires. Elle touche toutes les aires linguistiques et culturelles. À titre d'exemple, on peut consulter pour le monde arabe *Lunes industrielles: les médias dans le monde arabe,* Paris, Edisud, 1988.
16. Kishore Mahbubani, *op. cit.*, p. 112.
17. Stanley, Hoffman, *Une morale pour les monstres froids. Pour une éthique des relations internationales,* Montréal, Boréal Express, 1981, p. 18.
18. Kofi Annan, *Nous les peuples,* New York, Nations Unies, 2000, p. 5.
19. Christian Chavagneux et Laurence Tubiana, *Quel avenir pour les institutions de Bretton-Woods?,* Paris, La Documentation française, 2000.
20. La crise des organisations internationales a fait l'objet d'une analyse exhaustive publiée par La Documentation française, *Cahiers français,* n° 302, mai-juin 2002.
21. G8, Sommet de Halifax, *op. cit.*, paragraphe 35.
22. L'Organisation des Nations Unies pour le développement industriel (ONUDI), la Conférence des Nations Unies pour le commerce et le développement (CNUCED) et le Centre de commerce international (CCI). *Jeune Afrique l'Intelligent,* numéros du 27 mai-2 juin 2001 et du 3-6 juin 2002.
23. *Jeune Afrique l'Intelligent,* 27 mai-2 juin 2001.
24. Dans son ouvrage intitulé *Foreign Aid and Development,* Tinn Tarp a établi un bilan équilibré, actif et passif, de l'aide publique au développement, New York, Routledge, 2001.
25. Kofi Annan, *op. cit.*

26. Nations Unies, *United Nations Conference on Trade and Development, World economic situation and perspectives,* 1999.

27. Banque mondiale, *Rapport sur le développement dans le monde : le savoir au service du développement,* Washington, Banque mondiale, 1999, p. 30.

28. T. N. Oshikoya et Hussain Nureldin, *Information Technology and the Challenge to Economic Development in Africa,* Abidjan, Banque africaine de développement, 1998, p. 3.

29. *Jeune Afrique l'Intelligent,* mai 2001, p. xx.

30. On a estimé à 250 millions de dollars les revenus annuels pour l'Afrique si les États-Unis cessaient de subventionner le secteur du textile. *Ibid.*

31. *New York Times,* 6 juin 2002.

32. Dans le domaine agricole, les pays à revenu élevé investissent 1 milliard de dollars quotidiennement en soutien à leur producteurs. *The African Growth and Opportunity Act,* voté par le Congrès américain en 2001, constitue une ouverture limitée mais significative. Elle n'est sans doute pas étrangère au fait que les États-Unis sont devenus le premier partenaire économique de l'Afrique.

33. À titre d'exemple, on peut citer : UNITES, Services des Technologies de l'information des Nations Unies ; *Net-aid,* Forum informatisé pour le développement du PNUD ; *Wide,* Réseau d'information pour le développement du PNUD ; *The World Bank Institute.*

34. Dans son rapport *Indications du développement dans le monde 2002,* la Banque mondiale reconnaît que de nombreux pays en développement ne pourront pas atteindre les objectifs de réduction de la pauvreté fixés pour 2015.

35. L'Afrique subsaharienne (48 pays) occupe 28 % de la superficie de la planète, représente 11 % de la population du globe et 1 % du PNB mondial.

36. L'Europe de l'Est et l'Asie centrale (28 pays) occupent 18 % de la superficie de la planète, représentent 8 % de la population du globe et 3 % du PNB mondial.

37. Le Maghreb, le Moyen-Orient (16 pays) occupent 8 % de la superficie de la planète, représentent 5 % de la population du globe et 3 % du PNB mondial.

38. L'Amérique latine (32 pays) occupe 15 % de la superficie de la planète, représente 2 % de la population du globe et

6% du PNB mondial; l'Asie de l'Est et du Pacifique
(23 pays) occupe 12% de la superficie de la planète, représente 31% de la population du globe et 6% du PNB
mondial.

39. Dani Rodrik, « Trading in Illusions », *Foreign Policy*, mars-
avril 2001.

40. Lee Kuan Yew, *The Man and his Ideas*, Singapour,
Singapour Press Holding, 1998, p. 107s.

41. Pierre Jacquet, *op. cit.*

42. Kuan Yew Lee, *op. cit.*

43. Certains proposent une mutation radicale du paradigme
contemporain du développement. Le Nord abandonnerait
l'impératif de la croissance au profit du principe du choix
du « moins » et de l'équilibre d'une vie moins matérialiste
et culturellement enrichie. Le Sud renoncerait à l'idée de
reproduire les habitudes de consommation du Nord et
mettrait plutôt l'accent sur la sécurité économique pour
tous, l'universalité de l'alphabétisation et des services de
santé et d'éducation et l'accès général à l'eau potable.
L'économiste canadien, John Loxley, a développé cette
thèse utopiste dans un ouvrage intitulé *Interdépendance,
déséquilibre et croissance*, Ottawa, CRDI, 1999.

44. C. Chavagneux. et L. Tubiana. *op. cit.*, p. 45.

45. Dani Rodrik, « Trading in Illusions », *Foreign Policy*, mars-
avril 2001.

46. *Ibid.*, p. 56. Pour une présentation des deux thèses,
l'approche *go-slow* et celle du *big bang*, elles ont toutes
deux fait l'objet d'importantes analyses de cas pour
l'Argentine, l'Inde, le Nigeria, la Turquie et l'Uruguay dans
une étude majeure conduite par José Fanieli et Robinton
Medhora et publiée à Ottawa par le CRDI sous le titre
Financial Reform in Developing countries. Voir aussi
Thomas Friedman, *The Lexus and the Olive Tree. Understanding Globalization*, New York, Farrar, Straus & Giroux,
1999; Mike Moore, « The WTO is a Friend of the Poor »,
Financial Times, 19 juin 2000; Jeffrey Frankell et Davis
Romes, « Does Trade Cause Growth? », *American Econo-
mist Review*, vol. 89, n° 3, juin 1999; Jeffrey Sachs et
Andrew Warner, « Economic Reforms and the Process of
Global Integration », *Brokings Papers on Economic Activity*,
n° 1, 1995; Dani Rodrik, « How Far Will International

Economic Integration Go?», *Journal of Economic Perspectives,* hiver 2000; Antonio Ocampo, *Rethinking the Development Agenda,* Santiago, Economic Commission on latin America, décembre 2000; Yingi Qian, «The Institutional Foundations of China's Market Transition», *Standford University Review,* avril 1999.

47. Louise Fréchette, Conférence de Monterrey, la vice-secrétaire générale de l'ONU explique les enjeux de la réunion qui s'ouvre le 18 mai, *Jeune Afrique l'Intelligent,* 2 juillet, n° 2149, du 28 au 24 mai 2002.

48. Amadou Lamine Sall, Dakar, *Le Soleil,* 11 mai 2001.

49. Dans le cas de l'Afrique, la BAD a estimé à 250 milliards de dollars sur 10 ans les besoins en investissement pour les seules infrastructures, soit 40% du PIB brut africain global. Il est évident qu'à eux seuls les budgets des pays africains ne peuvent y suffire... Il est incontestable que les apports de capitaux privés aux pays en développement se sont accrus au cours des années 1990. Cependant, leur répartition, comme nous l'avons vu précédemment, exclut un très grand nombre de pays, et de plus ces rapports privés sont aujourd'hui en régression. Omar Kabbaj, président de la Banque africaine de développement, *Jeune Afrique l'Intelligent,* n° 2146, 25 février-3 mars 2002.

50. James H. Michel, tome 1: *L'Aide au développement en question: vers un plus grand rôle du secteur privé?* Tome 2: *Aide au développement et croissance: le chaînon nouveau de la politique économique,* Paris, La Documentation française, 1998.

51. Jeffrey Sachs, «A New Map of the World», *The Economist,* 24 juin 2000.

52. Dani Rodrik, «Trading in Illusions», *Foreign Policy,* mars-avril 2001.

53. FAO, *Première consultation sur la gestion de l'information pour l'agriculture,* Rome, FAO, novembre 2001; ITV, *New Technologies for Rural Application,* Genève, ITV, 2002; Centre pour le développement international, *Se préparer pour un monde réseauté: un guide pour les pays en développement,* Cambridge, Harvard University Press & CIDIF, 2000.

54. PNUD, *Rapport annuel 2001,* New York, PNUD, 2001.

55. « Accord de Cotonou : aide sous haute surveillance », *Jeune Afrique l'Intelligent*, n° 2063, 8-14 juillet 2000.
56. All India Biotech Association, *Biotechnology Parks in the Context of Indian Biotechnology Industry*, New Delhi, AIBA, 2000, p. 7. (Traduction de l'auteur).
57. Kofi Annan, *op. cit.*, p. 18.
58. *Ibid.*
59. À titre d'exemple, on peut citer : *Indian Institute of Science* (Bangalore), *All India Institute of Medical Science* (Kharagpur), *National Institute of Immulogy, Regional Centers TV berculosy* (Culnnai), *Le prosy* (Ogra), *Cholera* (Calcutta), *Malaria* (Punc), ainsi que *Wavacom Electronis Inc.* spécialisé en télémédecine.

CONCLUSION

1. Kofi Annan, *op. cit.*, p. 5.

BIBLIOGRAPHIE

ADAMS, Fred et Greg LAUGHLIN, *The Five Ages of the Universe,* New York, Free Press, 1999.

AGENCE SPATIALE EUROPÉENNE, *Rapport annuel,* 2000.

ANNAN, Kofi, *Nous les peuples: le rôle des Nations Unies au XXIe siècle,* New York, Nations Unies, 2000.

ANWAR, Ibrahim, *The Asian Renaissance,* Singapour, Time Books International, 1996.

APPADURAI, Arjun, *Après le colonialisme: les conséquences culturelles de la globalisation,* Paris, Payot, 2001.

AUBRY, Martine, *Il est grand temps,* Paris, Albin Michel, 1997.

BAGCHI, P. C., *India and China: A Thousand Years of Sino-Indian Cultural Relations,* 2e édition, Bombay, Hind Kitabs, 1950.

BALL, Philip, *Made to Measure, New Materials for the 21st Century,* Princeton, Princeton University Press, 1999.

BHALLA, A. S., *Mondialisation, croissance et marginalisation,* Ottawa, CRDI, 1998.

BANQUE MONDIALE, *China 2020,* Washington, Banque mondiale, 1997.

BANQUE MONDIALE, *Entering the 21st Century,* Washington, Oxford University Press, 2000.

BANQUE MONDIALE, *Indicateurs du développement dans le monde 2002,* Washington, Banque mondiale, 2002.

BANQUE MONDIALE, *Poverty Reduction and the World Bank, Progress in Operationalizing the WDR, 2000-2002,* Washington, Banque mondiale, 2002.

BANQUE MONDIALE, *Rapport sur le développement dans le monde: le savoir au service du développement,* Washington, Banque mondiale, 1999.

BANQUE MONDIALE, *Voices from 47 Countries, Can Anyone Hear Us?*, Washington, Banque mondiale, 1999.

BANQUE MONDIALE, *Voices of the Poors, Crying out for Change*, New York, Oxford University Press, 2000.

BARFIELD, Claude, *Expanding US-East Asian Trade and Investment*, Washington, AEI Press, 1997.

BARLOW, Maude et Tony CLARKE, *Global Showdown: How the New Activists are Fighting Global Corporation Rule*, Toronto, Stoddart Publishing, 2001.

BASGUIAST, J. P. et R. GARNE, *La France dans la bataille des technologies de l'intelligence*, Paris, La Documentation française, 1985.

BEAUD, Michel, *Le Basculement du monde*, Paris, La Découverte, 1997.

BERGSON, Henri, *L'Évolution créatrice*, Paris, Presses universitaires de France, 1959.

BERLAND, Jean-Pierre, *La Guerre au vivant*, Paris, Agone, 2001.

BERRY, Adrian, *The Next 500 Years*, London, Headline Book Publishing, 1995.

BERTHELEMY, Jean-Claude, *L'Afrique émergente*, Paris, OCDE, 2001.

BERTRAND, Gilles, Anna MICHALSKI et Luco PENCH, *Scénarios Europe 2010 : cinq avenirs possibles pour l'Europe*, Bruxelles, Commission européenne, 1999.

BOURGUIGNON, François, Christian CHAVAGNEUX et Laurence TUBIANA, *Développement*, Paris, La Documentation française, 2000.

BRAHM, Laurence, *China as n° I*, Singapour, Butterworth-Heinemann Asia, 1997.

BROWN, Michael et Sumit GANGULY, *Government Policies and Ethnic Relations in Asia and the Pacific*, Cambridge, MIT Press, 1997.

BROWNE, Stephen, *Beyond Aid: From Patronage to Partnership*, Aldershot, Ashgate, 1999.

BUSHAN, Frederic, *Lateral DNA Transfer and Consequences*, Cold Spring Harbor, Laboratory Press, 2002.

CARON François, *Les Deux Révolutions industrielles du XXe siècle*, Paris, Albin Michel, 1997.

CHAISSON, Eric J., *Cosmic Evolution: The Rise of Complexity in Nature*, Cambridge, Harvard University Press, 2001.

CHAVAGNEUX, Christian et Laurence TUBIANA, *Quel avenir pour les institutions de Bretton Woods?*, Paris, La Documentation française, 2000.

CHEVASSUS, Bernard, *OGM et agriculture, options pour l'action publique*, Paris, La Documentation française, 2001.

CINI, Michelle, *From Cooperation to Integration*, London, Kogan Page Ltd, 2001.

COHEN Stephen P., *India, Emergent Power*, New York, Brookins Institution Press, 2000.

COHEN, Stephen F., *Failed Crusade, America and the Tragedy of Post Communist Russia*, New York, W. W. Morton, 2001.

COMMISSION EUROPÉENNE, *Pour un ordre économique mondial plus cohérent*, Bruxelles, Éditions Apogée, 1998.

COMMISSION EUROPÉENNE, *Europe and the Global Information Society*, The Bangemann Report, 1994.

COMMISSION EUROPÉENNE, *Europe's Agenda, Strenghtening and Widening the European Union*, Bruxelles, 1999.

COMMISSION EUROPÉENNE, *General Report on the Activities of the European Union, 2000*, Bruxelles, 2001.

CORDELIER, Serge, dir., *La Mondialisation au-delà des mythes*, Paris, La Découverte, 1997.

CROMBIE, A. C., *The History of Science from Augustine to Galileo*, London, Dover Press, 1995.

CROSWELL, Ken, *The Universe at Midnight*, New York, Free Press, 2001.

CRUEGER, W., *Biotechnology: A Textbook of Industrial Microbiology*, 2ᵉ éd., Sunderland, Sinauer Associates, 1990.

DAOUDA, Moudjihath, *L'Internet et l'Afrique: un marché de dupes*, Genève, Fondation du devenir, 2000.

DARIN, Barney, *Prometheus Wired: The Hope for Democracy in the Age of Network Technology*, Vancouver, UBC Press, 2000.

DAS, Gurcharan, *India Undound*, New Delhi, Alfred A. Knopf, 2000.

DE SOTO, Hernando, *The Mystery of Capital*, New York, Basic Book, 2000.

DEBRAY, Régis, *Le Pouvoir intellectuel en France*, Paris, Ramsay, 1979.

DÉMURGER, Sylvie, *Economic Opening and Growth in China*, Paris, OCDE, 2000.

DERTOUZOS, Michael, *Demain: comment les nouvelles technologies vont changer notre vie?*, Paris, Calmann-Lévy, 1999.

DIDIER, Lombard, *Le Brevet pour l'innovation*, Paris, ministère de l'Économie, des Finances et de l'Industrie, gouvernement de la République française, 1998.

DOBSON, Wendy et C. HUFBAUER, *World Capital Markets*, Washington, Institute for International Economics, 2001.

DUPAS, Alain, *Une Autre Histoire de l'espace*, Paris, Gallimard, 2000.

EASTERLY, William, *The Elusive Quest for Growth: Economists' Adventure and Misadventures in the Tropics*, Cambridge, MIT Press, 2001.

ERNST and YOUNG, *The Economic Contribution of Biotechnology Industry to the US Economy*, mai 2000.

EUROPEAN SPACE AGENCY, *A history of the European Space Agency*, 2000.

FANELLI, José et R. MEDHORA, *Financial Reform in Developing Countries*, Ottawa, IDRC, 1998.

FOUCHER, Michel, *La République europérenne*, Paris, Belin, 2000.

FREDRICKSON, Donald S., *The Recombinant DNA Controversy: A memoir: Science, Politics and the Public Interest, 1974-1981*, Washington, ASM Press, 2001.

FREELAND, Chrystia, *Sale of the Century: Russia's Wild Ride From Communism to Capitalism*, New York, Crown Business, 2001.

FREIDMAN, M., *The future of War: Power Technology, an American World Dominance in the 21st Century*, New York, Crown Publishing, 1996.

FUKUYAMA, Francis, *On Post Humane Future: Consequences of the Biotechnology Revolution*, New York, Farrar, Straus & Giroux, 2002.

GALLEO, David, *Rethinking Europe's Future*, Princeton, Princeton University Press, 2001.

GALLOWAY, David, *The Treaty of Nice and Beyond*, Londres, Sheffield Academic Press, 2001.

GANDHI, Rajmohan, *Revenge and Reconciliation: Understanding South Asia History*, New Delhi, Penguin Book, 1999.

GEREMEK, Bronislaw, *L'Histoire et la politique*, Montrichier, Éditions noir sur blanc, 1997.

GIBBONS, John H., *This Gifted Age*, New York, Springer-Verlag, 1997.

GIRAUD, Pierre-Noël, *L'Inégalité du monde*, Paris, Gallimard, 1996.

GORDON, Lincoln, *Brazil's Second Chance*, New York, Brookins Institution Press, 2000.

GORE, A L., *Reinventing Government; Technology for a Sustainable Future. A Framework for Action*, Washington, National Security Science and Technology, 1995.

GRUBER, Lloyd, *Ruling the World: Power Politics and the Rise of Supranational Institutions*, Princeton, Princeton University Press, 2000.

GUDPA, Dipaukar, *India Between Worlds*, New Delhi, Harper Collins, 2000.

GUÉHENNO, Jean-Marie, *L'Avenir de la liberté: la démocratie dans la mondialisation*, Paris, Flammarion, 1999.

GUMMET, P. et J. REPPY, *The Relations Between Defense and Civil Technologies*, Dordrecht, Gluwer, 2000.

HARRISON, Albert, *Spacefaring: The Human Dimension*, Los-Angeles, University of California Press, 2001.

HERMAN, Edward et Robert MCCHESNEY, *The Global Media, The New Missionaries of Global Capitalism*, London, Cassel, 1997.

HO, Pong-Ti, *The Grade of the East; an Enquiry Into the Indigenous Origins of Techniques and Ideas of Neolithic and Early History in China, 5000 B.C. to 1000 B.C.*, Hong Kong & Chicago, Chinese University & University of Chigago Press, 1975.

HOFFMANN, Stanley, *Une morale pour les monstres froids: pour une éthique des relations internationales*, Montréal, Boréal Express, 1983.

HUBSBAWM, Eric J., *Les Enjeux du XXIe siècle*, Paris, Éditions Complexe, 2000.

HUGILL, Peter J., *Global Communications Since 1844*, Baltimore & London, Johns Hopkins University Press, 1999.

HULA, Erich, *Nationalism and Internationalism: European and American Perspectives*, New York, University Press of America, 1984.

INGLIS, Andrew et Arch LUTHER, *Satellite Technology*, Boston, Focal Press, 1997.

ITOH, Fumio, *China in the Twenty-First Century*, New York, United Nations University Press, 1997.

JACQUARD, Albert, *J'accuse l'économie triomphante*, Paris, Calmann-Lévy, 1995.

JACQUARD, Albert, *Petite philosophie à l'usage des non-philosophes*, Paris, Calmann-Lévy, 1977.

JAMESON, F. et M. MYOSHI, *The Cultures of Globalization*, London, Duke University Press, 1998.

JEFFERSON, Gary et Inderjit SINGH, *Enterprise Reform in China: Ownership, Transition and Performance*, New York, Oxford University Press, 1999.

KISSINGER, Henry, *Does America Need a Foreign Policy?*, New York, Simon & Schuster, 2001.

KISSINGER, Henry, *Diplomacy*, New York, Simon & Schuster, 1994.

KNOPPERS, Bartha Maria, *Le Génome humain: patrimoine commun de l'humanité*, Montréal, Fides, 1999.

KRISTOF, Nicolas and Sheryl WUDUNN, *China Wakes*, New York, Random House, 1994.

KURZWEIL, R., *The Age of Spiritual Machines*, New York, Penguin Book, 1999.

LAFFITTE, M. Pierre, *Rapport sur les programmes multilatéraux de soutien à la recherche et à l'innovation*, Paris, Assemblée nationale, 2000.

LAÏDI, Zaki, dir., *Le Temps mondial*, Paris, Complexe, 1997.

LAÏDI, Zaki, *Malaise dans la mondialisation*, Paris, Textuel, 2001.

LAÏDI, Zaki, *Un monde privé de sens*, Paris, Fayard, 1994.

LANDES, David S., *The Wealth and Poverty of Nations: Why Some are so Rich and Some so Poor*, New York, W. W. Norton, 1998.

LE DOUARIN, Nicole, *Des Chimères, des clones et des gènes*, Paris, Odile Jacob, 2000.

LEE, Kuan Yew, *The Man and his Ideas*, Singapour, Singapore Press Holding, 1998.

LESSIG, Lawrence, *Code and Other Laws of Cyberspace*, New York, Basic Book, 2000.

LEWONTIN, Richard, *It Ain't Necessarily So: The Dream of the Human Genome and Other Illusions*, Cambridge, Harvard University Press, 2000.

LEWONTIN, Richard, *The Triple Helix: Gene, Organism and Environment*, Cambridge, Harvard University Press, 2000.

LOXLEY, John, *Interdépendance, déséquilibre et croissance*, Ottawa, CRDI, 1999.

MAC, Farlane et J. NEIL, *Strategy and the Global Economics of Defense Production*, Montréal & Kingston, McGill-Queen's University Press, 1999.

MAGNIEN, Étienne, *Les Grands Axes de la recherche en biotechnologie pour l'Europe des années 1990*, Bruxelles, Commission européenne, 1998.

MAHBUBANI, Kishore, *Can Asians Think?*, Singapour, Times Books International, 1998.

MANNING, Robert, Ronald MONTAPERTO et Brad ROBERTS, *China, Nuclear Weapons and Arm's Control*, New York, Council on Foreign Relations, 2000.

MAYR, Ernst, *What Evolution is?*, New York, Basic Books, 2001.

MC NEIL, J. R., *Something New Under the Sun: An Environment History of the Twentieth Century World*, New York, W. W. Norton, 2000.

MEAD, Lawrence, *The New Paternalism*, New York, Brookins Institution Press, 1997.

MEAD, Walter Russel, *Special Providence: American Foreign Policy and How it Changed the World*, New York, Alfred A. Knopf, 2001.

MENDRAS, Henri, *L'Europe des Européens*, Paris, Gallimard, 1997.

MENZEL, Peter et Faith D'ALUISIO, *Robo sapiens; Evolution of a New Species*, Cambridge, MIT Press, 2000.

MERCURE, Daniel, *Une société-monde*, Québec, Presses de l'Université Laval, 2001.

MILLER, Arthur, *Au fil du temps*, Paris, Grasset, 1987.

MINC, Alain, *La Mondialisation heureuse*, Paris, Plon, 1977.

MULLIN, J. Adam, J. E. HALLIWEL et P. MILLIGAN, *Science, Technology and Innovation in Chili*, Ottawa, CRDI, 2000.

MURPHY, Michael et Luke O'NEIL, *What is Life? The Next Fifty Years: Speculation on the Future of Biology*, Cambridge, Cambridge University Press, 1995.

NASA, *The Role of Astrobiology in Solar System Exploration*, NASA, 2001.

NEEDHAM, Joseph, Wang Ling and Price D.J., *Heavenly Clockwork: The Great Astronomical Clocks of Medieval China*, Cambrigde, Cambridge University Press, 1960.

NEEDHAM, Joseph, *Science et civilisation en Chine*, Arles, Philippe Picquier, 1995.

NEIL DE GRASSE, Tyson, Charles LIU et Robert IRION, *One Universe: At Home in the Cosmos*, New York, Joseph Henry Press, 2000.

NOLFI, Stefano et Dario FLOREANO, *Evolutionary Robotics: The Biology, Intelligence and Technology of Self-Organizing Machines*, Cambridge, MIT Press, 2000.

NYE, Joseph et John DONAHUE, *Governance in a Globalizing World*, Washington, Brookins Institution Press, 2000.

OBERG, James, *Star-Crossed Orbits: Inside the US-Russian Space Alliance*, New York, McGraw-Hill, 2002.

OCDE, *Code de libéralisation des capitaux*, Paris, OCDE, 1997.

OCDE, *Échanges et concurrence: quelles politiques pour demain?*, Paris, OCDE, 1999.

OCDE, *International Mobility of the Highly Skilled*, Paris, OCDE, 2002.

OCDE, *L'Avenir de l'Asie dans l'économie mondiale*, Paris, OCDE, 1998.

OCDE, *L'Économie mondiale de demain: vers un essor durable*, Paris, OCDE, 1999.

OCDE, *L'Investissement dans le capital humain*, Paris, OCDE, 1998.

OCDE, *La Biotechnologie au service de produits et de procédés industriels propres*, Paris, OCDE, 1998.

OCDE, *La Croissance et la compétitivité dans la nouvelle économie mondiale*, Paris, OCDE, 1999.

OCDE, *La Réforme de la réglementation aux États-Unis*, Paris, OCDE, 2000.

OCDE, *La Société créatrice du XXIe siècle*, Paris, OCDE, 2000.

OCDE, *Le Commerce électronique, opportunités et défis pour les gouvernements*, Paris, OCDE, 1997.

OCDE, *Le Monde en 2020: vers une nouvelle ère mondiale*, Paris, OCDE, 1997.

OCDE, *Les Incidences économiques et sociales du commerce électronique*, Paris, OCDE, 1999.

OCDE, *Les Technologies du XXIe siècle*, Paris, OCDE, 1998.

OCDE, *Libéraliser les opérations internationales des assurances*, Paris, OCDE, 1999.

OCDE, *Mesurer la mondialisation, le poids des multinationales dans les économies de l'OCDE*, Paris, OCDE, 1999.

OCDE, *Perspectives de la science, de la technologie et de l'industrie*, Paris, OCDE, 2000.

OCDE, *Perspectives des communications de l'OCDE*, Paris, OCDE, 1999.

OCDE, *Pour l'ouverture des marchés : les avantages de la libéralisation des échanges et de l'investissement*, Paris, OCDE, 1998.

OCDE, *Qualité et internationalisation de l'enseignement supérieur*, Paris, 1999.

OCDE, *Répartition géographique des ressources financières allouées aux pays bénéficiaires de l'aide*, Paris, OCDE, 2000.

OCDE, *Société du savoir et gestion des connaissances*, Paris, OCDE, 2000.

OCDE, *Une nouvelle économie? Transformation du rôle de l'innovation et des technologies de l'information dans la croissance*, Paris, OCDE, 2000.

OCDE, *Vers une société mondiale de l'information, les politiques requises*, Paris, OCDE, 1997.

OSHIKOYA, T. N et Hussain NURELDIN, *Information Technology and the Challenge to Economic Development in Africa*, Washington, Banque mondiale, 1998.

PANCK, Richard, *Seeing How the Telescope Opened our Eyes and Minds to the Heaven*, New York, Penguin Books, 1999.

PASTOR, Robert, *A Century's Journey*, New York, Basic Book, 2000.

PASTOR, Robert, *How the Great Powers Shape the World*, New York, Basic Book, 1999.

PATTERSON, J. Barry, *China's Space Program and its Implications for the United States*, Alabama, Maxwell Air Force Base, 1995.

PENROSE, Roger, *L'Esprit, l'ordinateur et les lois de la physique*, Paris, Inter Éditions, 1989.

PÉREZ DE CUÉLLAR, *Notre diversité créatrice*, Paris, Unesco, 1996.

PILLSBURY, Michael, *China Debates the Future Security Environment*, Washington, The National Defense University Press, 2000.

PNUD, *Partenaires contre la pauvreté, Rapport annuel 2001*, Washington, PNUD, 2002.

POND, Elisabeth, *The Rebirth of Europe*, New York, Brookins Institution Press, 2000.

RAMONET, Ignacio, *Géopolitique du chaos*, Paris, Galilée, 1997.

REES, Martin, *Just Six Numbers: The Deep Forces that Shape the Universe*, New York, Basic Book, 2000.

RIFKIN, Jeremy, *Le Siècle biotech*, Montréal, Boréal, 1998.

ROBERTS, J. M., *The Penguin History of the Twentieth Century*, London, Penguin Books, 1999.

ROBERTS, J. M., *The Triumph of the West*, New York, Little Brown, 1985.

RODDY, D., *Satellite Communications*, New York, McGraw-Hill, 1996.

ROSECRANCE, Rose, *The Rise of the Virtual State*, New York, Basic Book, 2000.

ROUVILLOIS, Philippe et Guy LEFUR, *La France face au défi des biotechnologies: quels enjeux pour l'avenir?*, Paris, Éditions des Journaux officiels, 1999.

ROY, Arundhati, *Le coût de la vie*, Paris, Gallimard, 1999.

SCHRÖDINGER, Erwin, *What is life?*, Cambridge, Cambridge University Press, 1944.

SCRYBMAN, Steven, *WTO, A Citizen's Guide*, Toronto, The Canadian Center for Policy Alternatives & James Lorimer Company Ltd, 2001.

SÉRALINI, Gilles-Eric, *OGM, le vrai débat*, Paris, Flammarion, 2001.

SHEVTSOVA, Lilia, *Yeltsin's Russia: Myths and reality*, New York, Carnegie Endowment Publications, 2000.

SHILLER, Robert, *Irrational Exuberance*, Princeton, Princeton University Press, 2000.

SMILIE, Ian, *Mastering the Machine Revisited: Poverty, Aid and Technology*, London, ITDG Publishing, 2000.

STEINBRUNER, John D., *Principles of Global Security*, Washington D.C., Brookins Institution Press, 2000.

STUTTARD, John, *The New Silk Road: Secrets of Business Success in China Today*, New York, John Wiley, 2000.

SWAINE, Michael D. et J. Tellis ASHLEY, *Interpreting China Grand Strategy: Past, Present and Future*, Santa Monica, Mand, 2000.

TARP, Tinn, *Foreign Aid and Developement*, New York, Routledge, 2001.

THURON, Lester C., *Building Wealth*, New York, Harper Collins, 1999.

TRAORÉ, Aminata, *Le Viol de l'imaginaire*, Paris, Fayard, 2002.

TOURAINE, Alain, *Comment sortir du libéralisme?*, Paris, Fayard, 1999.

TOURAINE, Alain, *Qu'est-ce que la démocratie?*, Paris, Fayard, 1994.

UNESCO, *Les Clefs du XXIe siècle*, sous la dir. de Jérôme Bindé, Paris, Seuil-Unesco, 1999.

VAN, Doren, *A History of Knowledge*, New York, Ballantine Books, 1991.

WISEMAN, John, *Alternatives to Globalization: An Asia-Pacific Perspectives*, Victoria, Community Aid Abroad, 1997.

ZUBRIN, Robert, *Entering Space: Creating a Spacefaring Civilization*, New York, Jeremy P. Tatcher / Putnam, 1999.

PUBLICATIONS CITÉES

American Economist Review
American Scientist
China Business Review
Commentaires
Courrier international
International Defense Review
Le Devoir
Économie internationale
Le Nouvel économiste
The Economist
European Economic Review
L'Environnement
Esprit
Le Figaro (Paris)
Futuribles
The Financial Times
Forbes
Foreign Policy
Fortune
The Globe and Mail
The Guardian
Harvard International Review
Herald Tribune
Jeune Afrique l'Intelligent
The Journal of High Technology Management Research
Le Monde
Le Monde diplomatique
New York Times
Le Nouvel Observateur

La Presse
Red Herring
Revue internationale de philosophie
Le Soleil (Dakar)
Le Soleil (Québec)
Technology Review
Wall Street Journal
Wired

TABLE DES SIGLES

AAAI	*American Association for Artificial Intelligence*
ACDI	Agence canadienne de développement international
ACP	Pays de l'Afrique, des Caraïbes et du Pacifique
AID	Association internationale de développement
ALENA	Accord de libre-échange nord-américain
APD	Aide publique au développement
APEC	Organisation de coopération économique Asie-Pacifique
APIC	Aspects des droits de propriété intellectuelle qui touchent au commerce
ASEAN	Association des nations de l'Asie du Sud-Est
B2B	*Business to Business*
B2C	*Business to Consumer*
BIRD	Banque internationale pour la reconstruction et le développement
BIT	Bureau international du travail
BM	Banque mondiale
CAD	Comité d'aide au développement de l'OCDE
CE	Communauté européenne
CEE	Communauté économique européenne
CEDEAO	Communauté économique des États de l'Afrique de l'Ouest
CMED	Commission mondiale sur l'environnement et le développement
CNUCED	Conférence des Nations Unies sur le commerce et le développement
COMESA	Marché commun de l'Afrique orientale et australe

CRDI	Centre de recherches pour le développement international
ECAI	*European Commitee for Artificial Intelligence*
ECU	*European Currency Unit*
FMI	Fonds monétaire international
FPD	Financement public du développement
GATS	*General Agreement on Tariffs and Services*
GATT	*General Agreement on Tariffs and Trade*
GPS	*Global Positioning System*
ICANN	*Internet Corporation for Assigned Names and Numbers*
IDH	Indicateur du développement humain
IED	Investissement extérieur direct
IETF	*Internet Engineering Task Force*
IFI	Institutions financières internationales
IJCAI	*International Joint Conference in Artificial Intelligence*
MERCOSUR	Marché commun du cône Sud
NASDA	*National Aeronautics Space Development and Administration*
NASA	*National Aeronautics and Space Administration*
NPDA	Nouveau partenariat pour le développement de l'Afrique
NPF	Nation la plus favorisée
NPI	Nouveau pays industriel
OCDE	Organisation de coopération et de développement économiques
OEB	Office européen des brevets
OIT	Organisation internationale du travail
OMC	Organisation mondiale du commerce
ONG	Organisation non gouvernementale
ONUDI	Organisation des Nations Unies pour le développement industriel
OPEP	Organisation des pays exportateurs de pétrole
OTAN	Organisation du Traité de l'Atlantique nord
PAC	Politique agricole commune de la Communauté européenne
PIB	Produit intérieur brut
PMA	Pays les moins avancés
PNB	Produit national brut

PNUD	Programme des Nations Unies pour le développement
PPTE	Pays pauvres très endettés
SADC	*Southern African Development Community*
SADCC	*Southern African Development Community Conference*
SGPC	Système global de préférences commerciales entre pays en développement
SIDA	Syndrome d'immunodéficience acquise
TI	Technologies de l'information
TIC	Technologies de l'information et de la communication
UNESCO	Organisation des Nations Unies pour l'éducation, la science et la culture
UA	Union africaine
UE	Union européenne
UNICEF	Fonds des Nations Unies pour l'enfance
VIH	Virus de l'immunodéficience humaine
WWW	*World Wide Web*

AGMV Marquis

MEMBRE DE SCABRINI MEDIA

Québec, Canada
2003